Platon

Gorgias

Übersetzt von Julius Deuschle

Platon: Gorgias

Übersetzt von Julius Deuschle.

Entstanden etwa zwischen 393 und 388 v. Chr. Erstdruck (in lateinischer Übersetzung durch Marsilio Ficino) in: Opera, Florenz o. J. (ca. 1482/84). Erstdruck des griechischen Originals in: Hapanta ta tu Platônos, herausgegeben von M. Musoros, Venedig 1513. Erste deutsche Übersetzung durch J. G. Schultheß unter dem Titel »Gorgias, ein Gespräch von der Redekunst«, Zürich 1775. Der Text folgt der Übersetzung durch Julius Deuschle von 1859.

Neuausgabe mit einer Biographie des Autors
Herausgegeben von Karl-Maria Guth
Berlin 2016

Der Text dieser Ausgabe folgt:
Platon: Sämtliche Werke. Berlin: Lambert Schneider, [1940].

Die Paginierung obiger Ausgabe wird hier als Marginalie zeilengenau mitgeführt.

Umschlaggestaltung von Thomas Schultz-Overhage unter Verwendung des Bildes: Raffael, Die Schule von Athen (Detail)

Gesetzt aus der Minion Pro, 11 pt

Verlag: Henricus - Edition Deutsche Klassik GmbH
Mörchinger Str. 33, 14169 Berlin, info@henricus-verlag.de
Druck: Libri Plureos GmbH, Friedensallee 273, 22763 Hamburg

Die Ausgaben der Sammlung Hofenberg basieren auf zuverlässigen Textgrundlagen. Die Seitenkonkordanz zu anerkannten Studienausgaben machen Hofenbergtexte auch in wissenschaftlichem Zusammenhang zitierfähig.

ISBN 978-3-8619-9567-8

Bibliografische Information der Deutschen Nationalbibliothek

Die Deutsche Nationalbibliothek verzeichnet diese Publikation in der Deutschen Nationalbibliografie; detaillierte bibliografische Daten sind im Internet über www.dnb.de abrufbar.

Gorgias

Kallikles · Sokrates · Chairephon · Gorgias · Polos

(Das Gespräch beginnt vor dem Hause des Kallikles und setzt sich in demselben fort)

Kallikles: So muß man kommen, wie es heißt, lieber Sokrates, wenn Krieg ist und es zur Schlacht geht!

Sokrates: Sind wir wirklich, wie man sagt, nach dem Feste gekommen und zu spät?

Kallikles: Und das nach einem gar feinen Festschmaus. Denn Gorgias hat uns kurz vorher viel schöne Vorträge zum besten gegeben.

Sokrates: Daran, lieber Kallikles, ist unser Chairephon schuld, da er uns auf dem Markte zu verweilen nötigte.

Chairephon: Es tut nichts, lieber Sokrates. Ich will den Schaden auch wieder heilen. Denn Gorgias ist mein Freund und wird sich wieder hören lassen, nach Gefallen gleich, oder, wenn du lieber willst, ein andermal.

Kallikles: Wie, Chairephon? Wünscht Sokrates den Gorgias zu hören?

Chairephon: Gerade in der Absicht sind wir ja hier.

Kallikles: Nun, wenn's gefällig ist, in mein Haus einzutreten – denn bei mir wohnt Gorgias und wird auch euch gewiß einen Vortrag zum besten geben.

Sokrates: Schön, lieber Kallikles. Doch dürfte er auch sich mit uns zu unterreden bereit sein? Denn ich will ihn danach fragen, worin die Bedeutung seiner Kunst besteht und was er eigentlich von sich verspricht und lehrt. Den anderen Vortrag soll er, wie du sagst, ein andermal halten.

Kallikles: Nichts besser als ihn selbst fragen, lieber Sokrates. Denn auch das war eines seiner Probestücke. Er forderte nämliche eben gerade jeden von den drinnen Anwesenden auf, zu fragen, was ihm beliebe, und auf alle Fragen, sagte er, werde er antworten.

Sokrates: Wahrlich schön. Lieber Chairephon, frage ihn doch!

Chairephon: Was soll ich ihn fragen?

Sokrates: Was er ist.

Chairephon: Wie meinst du das?

Sokrates: Wie wenn er etwa ein Meister im Schuhmachen wäre, so würde er dir doch wohl antworten: ein Schuhmacher. Oder verstehst du nicht, wie ich es meine?

Chairephon: Ich verstehe und will ihn fragen.

(Im Hause.) Sage mir doch, lieber Gorgias, hat unser Kallikles hier recht, daß du auf alle Fragen zu antworten versprichst, die man an dich richtet?

Gorgias: Ganz recht, lieber Chairephon. Denn eben erst habe ich gerade dies versprochen, und ich darf sagen, daß mich seit vielen Jahren noch keiner etwas Neues gefragt hat.

Chairephon: Dann, lieber Gorgias, fällt dir wohl gewiß die Antwort recht leicht?

Gorgias: Du darfst einen Versuch machen, lieber Chairephon.

Polos: Das ist wahrhaftig wahr. Vielleicht ziehst du's aber vor, lieber Chairephon, ihn mit mir zu machen. Denn Gorgias dürfte wohl auch schon ermüdet sein. Denn er hat eben vieles durchgesprochen.

Chairephon: Wie denn, Polos? Glaubst du besser zu antworten als Gorgias?

Polos: Tut das etwas zur Sache, wenn es nur genügend ist für dich?

Chairephon: Nein. Nun, da du denn willst, so antworte!

Polos: Frage!

Chairephon: Ich frage also: Wenn Gorgias die Kunst verstünde, die sein Bruder Herodikos treibt, wie würden wir ihn dann mit Recht nennen? Nicht so wie jenen?

Polos: Gewiß.

Chairephon: Wenn wir ihn also einen Arzt nennten, hätten wir ihn recht bezeichnet?

Polos: Ja.

Chairephon: Wenn er aber die Kunst verstünde, welche Aristophon, der Sohn des Aglaophon, oder dessen Bruder treibt, welcher Name gebührte ihm dann?

Polos: Offenbar der eines Malers.

Chairephon: Nun, da er ja auch eine Kunst versteht, – welche ist das? Und welchen Namen dürfen wir ihm mit Recht beilegen?

304

Polos: Mein Chairephon, es gibt viele Künste in der Welt, die man aus Erfahrung erfahren gefunden hat. Denn Erfahrung bahnt unserem Leben einen Weg gemäß der Kunst; Unerfahrenheit gibt es dem Zufall preis. Unter allen diesen Künsten nehmen die einen an diesen, andere an jenen, die einen so, die anderen anders teil, an den besten aber die Besten. Dazu gehört auch unser Gorgias hier, und er hat an der schönsten der Künste teil.

Sokrates: Polos scheint, lieber Gorgias, vortrefflich aufs Reden eingeübt zu sein. Indes hält er dem Chairephon sein Versprechen nicht.

Gorgias: Wieso denn, lieber Sokrates?

Sokrates: Er antwortet, dünkt mich, gar nicht auf die Frage.

Gorgias: Nun, wenn du willst, frage du ihn doch!

Sokrates: Nicht doch, wenn dir selbst es gefällig ist zu antworten; vielmehr würde ich lieber dich fragen. Denn aus dem, was Polos gesagt hat, ist mir klar, daß er die sogenannte Redekunst mehr geübt hat als die Kunst der Unterredung.

Polos: Wieso denn, Sokrates?

Sokrates: Weil du, mein Polos, auf die Frage Chairephons, welche Kunst Gorgias verstehe, seine Kunst anpreisest, als ob ihn jemand tadeln wollte; was sie aber ist, hast du nicht beantwortet.

Polos: Habe ich denn nicht gesagt, daß sie die schönste sei?

Sokrates: Jawohl. Aber es fragt dich niemand, wie die Kunst des Gorgias sei, sondern was sie sei und wie man den Gorgias nennen müsse. So wie dir also vorher Chairephon Beispiele vorlegte und du ihm eine treffende und kurzgefaßte Antwort gabst, so gib auch jetzt an, welches die Kunst ist und wie wir den Gorgias nennen sollen. Oder lieber gib du uns selber an, mein Gorgias, wie man dich nennen soll und welche Kunst es ist, die du verstehst?

Gorgias: Die Rhetorik, lieber Sokrates.

Sokrates: Also einen Rhetor soll man dich nennen?

Gorgias: Gut so, lieber Sokrates, wenn du mich ja so nennen willst, *wie ich zu heißen mich rühme,* wie Homeros sagt.

Sokrates: Freilich will ich das.

Gorgias: Nun, schön.

Sokrates: Hast du denn wohl auch die Fähigkeit, andere dazu auszubilden?

Gorgias: Ich verspreche ja das nicht bloß hier, sondern auch an anderen Orten.

Sokrates: Wärst du nun wohl bereit, lieber Gorgias, sowie wir jetzt mit einander reden, fortzufahren, teils fragend, teils antwortend, aber die Art der langen Reden, mit der auch Polos begann, für ein andermal aufzusparen? Aber laß dann auch das Versprechen nicht unerfüllt, sondern sei so gut, in kurzer Rede die Frage zu beantworten!

Gorgias: Einige Antworten, lieber Sokrates, erfordern notwendig lang ausgedehnte Reden. Indes will ich versuchen, möglichst kurz zu sein. Denn auch das ist eines der Stücke, deren ich mich rühme, daß niemand dasselbe in kürzeren Worten sage als ich.

Sokrates: Gerade dessen bedarf es jetzt, lieber Gorgias. So gib mir denn einen Beweis gerade hiervon, von der kurzen Redeweise, ein andermal aber von der langen!

Gorgias: Das will ich tun, und du sollst sagen, daß du keinen in kürzeren Sätzen hast reden hören.

Sokrates: Nun wohlan! Du behauptest ja, die Rhetorik (Redekunst) zu verstehen und auch einen anderen zum Redner machen zu können, – auf was für Dinge bezieht sich die Rhetorik? Wie die Weberei sich auf das Arbeiten der Kleider bezieht, – nicht wahr?

Gorgias: Ja.

Sokrates: Nicht auch die Musik auf das Schaffen von Melodien?

Gorgias: Ja.

Sokrates: Bei der Hera, lieber Gorgias, deine Antworten machen mir Freude, weil du in so kurzen Worten wie nur möglich antwortest.

Gorgias: Ja, das mache ich, denke ich, ganz recht so.

Sokrates: Allerdings. Wohlan denn, antworte mir so auch in bezug auf die Rhetorik, auf was für Gegenstände sich ihr Wissen bezieht?

Gorgias: Auf Reden.

Sokrates: Was für Reden denn, lieber Gorgias? Etwa auf die, deren Inhalt ist, wie die Kranken leben müssen, um wieder gesund zu werden?

Gorgias: Nein.

Sokrates: Also geht die Rhetorik auch nicht auf alle Reden?

Gorgias: Nein.

Sokrates: Aber sie gibt doch die Fähigkeit zu reden?

Gorgias: Ja.

Sokrates: Nicht auch zu denken über das, worüber sie zu reden befähigt?

Gorgias: Natürlich.

Sokrates: Setzt nun auch die Heilkunde, die wir eben gerade erwähnten, in den Stand, über die Kranken zu denken und zu reden?

Gorgias: Notwendig.

Sokrates: Auch die Heilkunde bezieht sich also, wie es scheint, auf Reden?

Gorgias: Ja.

Sokrates: Nämlich auf die über die Krankheiten?

Gorgias: Allerdings.

Sokrates: Bezieht sich nicht auch die Gymnastik auf Reden, nämlich über das Wohl- und Übelbefinden des Leibes?

Gorgias: Jawohl.

Sokrates: So steht es in der Tat auch, lieber Gorgias, mit den anderen Künsten. Jede hat es mit Reden zu tun, welche sich eben auf diejenigen Objekte beziehen, mit welchen sich jede Kunst beschäftigt.

Gorgias: So scheint es.

Sokrates: Warum nennst du denn nun eigentlich die anderen Künste nicht Rhetoriken, da sie doch auf Reden sich beziehen, wenn du ja unter Rhetorik eben die Kunst verstehst, welche auf Reden geht?

Gorgias: Weil das ganze Wissen der anderen Künste sozusagen auf Handarbeiten und dergleichen Tätigkeiten sich bezieht, die Rhetorik hat aber nichts mit dergleichen Handarbeit zu schaffen, sondern all ihr Tun und Wirken vollzieht sich durch Reden. Deshalb glaube ich die Rhetorik auf Reden beziehen zu müssen, und das, wie ich denke, mit Recht.

307 *Sokrates:* Verstehe ich nun, welche Bestimmung du von ihr geben willst? Gleich werde ich es genauer wissen. Nun antworte: Es gibt Künste? Nicht wahr?

Gorgias: Ja.

Sokrates: Unter allen Künsten haben, denke ich, einige meist eine Arbeit vor und bedürfen der Rede nur wenig, einige gar nicht, der Zweck der Kunst könnte vielmehr auch unter Schweigen erreicht werden, wie z.B. Malerei, Bildhauerei und viele andere. Solche Künste meinst du wohl, auf die sich, wie du sagst, die Rhetorik nicht beziehe? Oder nicht?

Gorgias: Du hast es ganz richtig gefaßt, lieber Sokrates.

Sokrates: Es gibt aber auch andere Künste, welche ihr Ziel ganz durch die Rede erreichen und eine Arbeit, sozusagen, entweder gar nicht oder doch sehr wenig nötig machen, z.B. Arithmetik (Zahlenlehre), Rechenkunst, Geometrie, Brettspiel und viele andere Künste; bei einigen von ihnen halten sich Reden und Tun so ziemlich das Gleichgewicht; bei den meisten überwiegen jene, und ihre ganze Tätigkeit und Kraft verwirklicht sich durch Reden. Als eine Kunst von dieser Art scheinst du mir die Rhetorik anzusehen.

Gorgias: Da hast du recht.

Sokrates: Aber dennoch glaube ich nicht, daß du eine von diesen als Rhetorik bezeichnen willst, obgleich du dem Wortlaut nach so gesagt hast, daß die durch Reden sich verwirklichende Kunst Rhetorik sei, und jemand dir entgegnen könnte, wenn er in der Untersuchung Schwierigkeiten machen wollte: »Also die Arithmetik, lieber Gorgias, erklärst du für Rhetorik? Aber ich bin überzeugt, daß du weder die Arithmetik noch die Geometrie für Rhetorik erklären willst.«

Gorgias: Da hast du recht, lieber Sokrates, und meine Meinung hast du richtig erschlossen.

Sokrates: Wohlan, gib mir nun auch deinerseits die Antwort auf meine Frage vollständig! Denn da die Rhetorik eine der Künste ist, welche meist sich der Rede bedienen, da es aber auch andere der Art gibt, so versuche den Gegenstand anzugeben, auf welchen sich die Verwirklichung in der Rede richten muß, wenn sie Rhetorik sein soll. Wie wenn mich z.B. jemand über eine der Künste fragte, die ich eben erst nannte: »Lieber Sokrates, welche Kunst ist die Arithmetik?« – so würde ich ihm sagen, wie du ihm eben, daß sie zu denen gehört, 308 welche durch Reden zur Verwirklichung gelangen; und wenn er mich weiter fragte: »Worauf beziehen sich diese Reden?« so würde ich sagen: »Auf das Gerade und Ungerade und die Größe, die jedes von beiden jedesmal haben mag.« Wenn er nun weiter fragte: »Welche Kunst nennst du Rechenkunst?« so würde ich ihm antworten: »Auch diese gehört zu denen, welche ganz und gar durch Reden sich darstellen«; und wenn er wiederum fragte: »Worauf beziehen sich diese?« so würde ich sagen wie die Antragsteller in den Volksversammlungen: »Im übrigen ist es mit der Rechenkunst wie mit der Arithmetik, denn sie bezieht sich auch auf dasselbe, das Gerade und Ungerade; der Unterschied ist aber der, daß die Rechenkunst betrachtet, wie sich das Gerade und Ungerade nach der Größe zu sich und zu einander verhält.« Und wenn mich jemand nach der Astronomie fragte infolge meiner Behauptung, daß auch sie alles durch Rede zur Darstellung bringt: »Worauf beziehen sich aber, lieber Sokrates, die Reden der Astronomie?« – wenn er so sagte, würde ich antworten: »Auf die Bewegung der Sterne, der Sonne und des Mondes und das Verhältnis ihrer Schnelligkeit zu einander.«

Gorgias: Ganz richtig gibst du das an, mein Sokrates.

Sokrates: Nun wohlan, tue es auch deinerseits, lieber Gorgias! Denn die Rhetorik ist ja offenbar eine von den Künsten, welche alles durch Rede verwirklichen und darstellen.

Gorgias: Jawohl.

Sokrates: Gib nun an, auf was sie sich beziehen: Was ist es unter den Dingen, auf das sich die Reden beziehen, deren sich die Rhetorik bedient?

Gorgias: Es sind die wichtigsten und edelsten menschlichen Verhältnisse, lieber Sokrates.

Sokrates: Aber, lieber Gorgias, auch diese Bestimmung ist zweideutig und noch keineswegs deutlich. Du hast doch, wie ich glaube, bei Trinkgelagen auch schon Leute das Skolion singen hören, worin sie singend aufzählen:

> *Gesundheit ist das Beste,*
> *Das zweite schön zu werden,*
> *Das dritte,* wie der Dichter des Skolion sagt, *Reichtum ohne Betrug?*

Gorgias: Freilich, doch wozu führst du das an?

Sokrates: Weil auf der Stelle die Meister in den Fächern, welche der Skoliondichter gepriesen hat, vor dich treten könnten, ein Arzt, ein Turnlehrer und ein Handelsmann, und zuerst würde der Arzt sagen: »Lieber Sokrates, Gorgias täuscht dich; denn nicht seine Kunst bezieht sich auf das für die Menschen wichtigste Gut, sondern die meinige.« Wenn ich nun fragte: »Wer bist du denn, der das sagt?« – so sagte er wohl: »Ein Arzt.« – »Was meinst du also? Ist wirklich das Werk deiner Kunst das größte Gut« – »Ei freilich«, würde er erwidern, »lieber Sokrates: die Gesundheit. Gibt es ein größeres Gut für den Menschen als Gesundheit?« – Wenn nun nach diesem der Turnlehrer ebenfalls sagte: »Es sollte mich doch auch selber Wunder nehmen, lieber Sokrates, wenn Gorgias dir ein größeres Gut aus seiner Kunst aufzuweisen hat, als ich aus der meinigen«, so würde ich auch wieder zu ihm sagen: »Wer bist du denn, lieber Mann? und was ist dein Werk?« – »Ein Turnlehrer, und mein Geschäft ist es, die Menschen schön und kräftig zu machen am Leibe.« Nach dem Turnlehrer nähme dann der Handelsmann das Wort, und der würde – das kann ich mir denken – auf alle ändern gar verächtlich niederschauen: »Bedenke es doch nur, lieber Sokrates, ob dir irgend ein Gut größer erscheint als der Reichtum, sei's in Gorgias' Besitz oder bei irgend sonst einem?« Wir würden nun zu ihm sagen: »Wieso? Bist du dessen Meister?«-

»Jawohl.« – »Wer bist du?« – »Ein Handelsmann«. – »Wie? Also nach deiner Meinung ist der Reichtum das größte Gut für den Menschen?« werden wir sagen. – »Natürlich«, wird er erklären. – »Indes unser Gorgias hier streitet ja dafür, daß seine Kunst ein größeres Gut erzeuge als die deinige«, würden wir sagen. Offenbar würde er hiernach fragen: »Und was ist denn das für ein Gut? Das mag Gorgias beantworten.« – Wohlan denn, sieh dich, lieber Gorgias, nicht bloß von jenen als gefragt an, sondern auch von mir, und beantworte, was nach deiner Meinung das größte Gut für die Menschen ist, dessen Meister du seist!

Gorgias: Das, was, lieber Sokrates, in Wahrheit das größte Gut ist und zugleich die persönliche Freiheit für die Menschen erwirkt und die Herrschaft über andere jedem in seinem Staate. 310

Sokrates: Was meinst du denn da?

Gorgias: Die Fähigkeit, durch Worte zu überreden, und zwar vor Gericht die Richter, in der Ratsversammlung die Ratsherren, in der Volksversammlung die Bürger, und überhaupt in jeder beliebigen Versammlung, welche Versammlung von Bürgern es auch nur geben mag. Jedenfalls wird, wenn du in dieser Fähigkeit geübt bist, der Arzt dein Sklave sein und der Turnlehrer auch. Dieser Handelsmann aber, das wird sich offen zeigen, erwirbt für einen anderen und nicht für sich, sondern für dich, der du die Massen zu überreden verstehst.

Sokrates: Jetzt hast du, dünkt mich, lieber Gorgias, am allernächsten aufgezeigt, was du dir unter der Rhetorik denkst, und wenn ich recht verstehe, meinst du, die Rhetorik sei Meisterin in der Überredung, und ihr ganzes Geschäft und Haupttätigkeit gehe darauf hinaus. Oder weißt du sonst noch etwas zu sagen, das die Rhetorik imstande sei, als in der Seele der Hörenden Überzeugung zu wirken?

Gorgias: Keineswegs, lieber Sokrates; sondern mir scheint diese Bestimmung ausreichend. Denn das ist wirklich ihre Hauptaufgabe.

Sokrates: Höre denn, lieber Gorgias: Sei nämlich überzeugt, daß ich, wenn irgend sonst jemand mit anderen sich unterhält in der Absicht, über den Gegenstand aufgeklärt zu werden, auf welchen sich die Unterredung bezieht, daß ich mich selbst zu diesen rechnen zu dürfen glaube; ich denke aber auch dich.

Gorgias: Was willst du damit, lieber Sokrates?

Sokrates: Ich will es dir eben erklären. Was eigentlich die von der Rhetorik zu leistende Überredung ist, von der du sprichst, und auf welche

Dinge sich diese Überredung bezieht, das weiß ich nicht genau; indessen vermute ich, was sie nach deiner Ansicht wohl sein und worauf sie sich beziehen mag. Nichtsdestoweniger will ich dich fragen: Was verstehst du eigentlich unter der Überredung, die von der Rhetorik ausgeht, und worauf soll sie sich beziehen? Warum will ich dich denn fragen, wenn ich es doch vermute, und sage es nicht gleich selbst? Nicht um deinetwillen, sondern damit die Untersuchung so fortschreite, wie sie uns am besten über den Gegenstand unserer Unterhaltung aufklären könnte. Überlege dann, ob ich dich wohl mit Recht weiter frage, z.B. wenn ich dich etwa fragte: »Was für ein Maler ist Zeuxis?« und du hättest mir geantwortet, daß er Bilder male, würde ich dich dann nicht mit Recht fragen, was für Bilder er male, oder nicht?

Gorgias: Jawohl.

Sokrates: Nicht eben deshalb, weil es auch andere Maler gibt, welche viele andere Bilder malen?

Gorgias: Ja.

Sokrates: Wenn dagegen sonst niemand als Zeuxis malte, so wäre deine Antwort ganz treffend gewesen?

Gorgias: Ei freilich.

Sokrates: Wohlan denn, sage mir auch in betreff der Rhetorik, ob nach deiner Ansicht die Rhetorik allein Überredung erzeuge oder auch andere Künste? Das ist aber meine Meinung: wenn jemand eine Sache lehrt, überredet er dann in bezug auf den Gegenstand seiner Lehre oder nicht?

Gorgias: Nein gewiß nicht, lieber Sokrates, ganz entschieden überredet er.

Sokrates: Wenn wir nun wieder auf eben dieselben Künste unsere Aufmerksamkeit richten, von denen wir vorhin erst sprachen, lehrt uns nicht die Arithmetik und der Arithmetiker, wie vielfach sich die Verhältnisse der Zahl gliedern?

Gorgias: Jawohl.

Sokrates: Überredet sie nicht auch?

Gorgias: Ja.

Sokrates: Also ist auch die Arithmetik eine Meisterin der Überredung?

Gorgias: So scheint es.

Sokrates: Wenn uns also jemand fragte: »Welcher Überredung, und worauf bezieht sie sich?« – so werden wir ihm wohl antworten, sie gehöre zur Lehre über die Anzahl des Geraden und Ungeraden. So werden wir auch von allen ändern Künsten, welche wir eben erst nannten, nicht bloß die Meisterschaft in der Überredung anzugeben wissen, sondern auch die Art derselben und ihr Objekt.

Gorgias: Ja.

Sokrates: Also ist nicht bloß die Rhetorik eine Meisterin in der Überredung?

Gorgias: Da hast du recht.

Sokrates: Da sie nun nicht allein diese Aufgabe erfüllt, sondern auch andere Künste es tun, so würden wir hiernach, wie über den Maler, mit Recht weiter fragen: was das für eine Überredung ist und auf welche Objekte sie sich bezieht, welche die Kunst der Rhetorik leistet? Oder scheint dir diese weitere Frage nicht berechtigt?

Gorgias: O jawohl.

Sokrates: Antworte denn, mein Gorgias, da auch du so denkst!

Gorgias: Die Überredung also meine ich, welche vor Gericht und anderen Versammlungen stattfindet, wie ich sie auch eben nannte, und darauf bezieht sie sich, was Recht und Unrecht ist.

Sokrates: Ja, das vermutete ich auch, daß du diese Überredung meintest, die sich auf diese Dinge bezöge. Aber – daß du dich nicht wunderst, wenn ich bald nachher eine weitere Frage an dich richte, die auf der Hand zu liegen scheint, und ich frage dich doch noch. Denn, wie gesagt, ich frage, um ordnungsmäßig die Untersuchung zum Ziele zu führen, nicht um deinetwillen; sondern damit wir uns nicht daran gewöhnen, die Gedanken einander unterzuschieben und vorwegzunehmen, sondern damit du die deinen nach deiner Grundansicht vollständig entwickelst, wie es dir gefällt.

Gorgias: Daran tust du, denke ich, ganz recht, mein Sokrates.

Sokrates: Wohlan, laß uns auch dies in Erwägung ziehen: Sprichst du wohl von Erkannthaben?

Gorgias: Jawohl.

Sokrates: Ferner auch von Fürwahrhalten?

Gorgias: Gewiß.

Sokrates: Ist nun nach deiner Ansicht Erkannthaben und Fürwahrhalten oder Wissen und Glauben einerlei oder verschieden?

Gorgias: Ich denke, Sokrates, verschieden.

Sokrates: Da hast du ganz recht. Das kannst du daran erkennen: Wenn dich jemand fragte: »Gorgias, gibt es denn einen falschen und wahren Glauben?« – so würdest du das, denke ich, bejahen?

Gorgias: Ja.

Sokrates: Ferner: Gibt es ein falsches und wahres Wissen?

Gorgias: Keineswegs.

Sokrates: So ergibt sich auch, daß beide nicht identisch sind.

Gorgias: Da hast du recht.

Sokrates: Indes beide, die Wissenden und die Glaubenden, halten sich doch für überzeugt?

Gorgias: Jawohl.

Sokrates: Dürfen wir also wohl zwei Arten der Überredung aufstellen, von denen die eine zum Glauben führt ohne Wissen, die andere zur wirklichen Erkenntnis?

Gorgias: Jawohl.

Sokrates: Welche Überzeugung bewirkt nun die Rhetorik über Recht und Unrecht vor Gericht und anderen Versammlungen? Woraus Glauben sich entwickelt ohne Wissen, oder woraus das Wissen?

Gorgias: Offenbar doch, lieber Sokrates, woraus das Glauben kommt.

Sokrates: Also ist die Rhetorik, scheint es, Meisterin in einer auf Glauben, nicht auf Belehrung sich gründenden Überredung über Recht und Unrecht.

Gorgias: Ja.

Sokrates: Der Redner versteht es also nicht etwa, die Gerichte und andere Versammlungen zu belehren über Recht und Urrecht, sondern nur ihnen Glauben beizubringen. Denn eine so große Masse könnte er wohl auch schwerlich in so kurzer Zeit über so wichtige Dinge belehren.

Gorgias: Gewiß nicht.

Sokrates: Wohlan denn, laß uns zusehen, was eigentlich unsere Behauptung über die Rhetorik ist: Denn ich vermag wirklich selbst noch nicht den Gehalt des von mir Gesagten zu durchschauen. Wenn die Stadt eine Versammlung hielte zur Wahl von Ärzten oder Schiffsbaumeistern oder irgend einer anderen Klasse von Handwerksmeistern, – nicht wahr, dann wild der Redner nicht mitraten? Denn offenbar muß man bei jeder Wahl die besten Sachverständigen wählen. Auch nicht, wenn es sich um den Bau von Mauern oder Einrichtung von Häfen oder Schiffswerften handelt, sondern die Bauverständigen; ferner auch nicht, wenn sich die Beratung auf die Wahl von Feldherrn oder eine taktische Maßregel gegen die Feinde oder die Einnahme von festen Plätzen bezieht, sondern dann werden die strategisch, nicht die rhetorisch Gebildeten raten. Oder wie denkst du, lieber Gorgias, über solche Fälle? Denn da du selbst Rhetor zu sein behauptest und andere in der Rhetorik auszubilden versprichst, so ist es in der Ordnung, von dir die Leistungsfähigkeit deiner Kunst zu erfragen. Sei aber überzeugt, daß auch ich jetzt nur dein eigenes Interesse vertrete! Denn vielleicht befindet sich unter den Anwesenden einer, der gern dein Schüler werden möchte, wie ich auch wirklich deren, und zwar viele, hier sehe, die vielleicht zu schüchtern sind, um dich selbst zu fragen. Wenn ich dich also frage, glaube auch, in jener Namen gefragt zu sein: »Was wird der Nutzen für uns sein, wenn wir uns dir anschließen? Worüber werden wir der Bürgerschaft zu raten imstande sein? Nur über Recht oder Unrecht, oder auch über Dinge, wie sie eben gerade Sokrates nannte?« Versuche, ihnen darauf zu antworten!

Gorgias: Gut; ich will dir, lieber Sokrates, die ganze Bedeutung der Rhetorik genau zu enthüllen versuchen. Denn du hast mir selbst gut den Weg gewiesen. Du weißt doch wohl, daß hier die Schiffswerften und die Mauern der Athener und die Einrichtung der Häfen nach dem Rate des Themistokles vor sich gegangen ist, zum Teil auch nach dem des Perikles, und nicht nach dem der Sachverständigen.

Sokrates: Man sagt das, lieber Gorgias, von Themistokles; den Perikles habe ich selbst gehört, als er uns über die mittlere Mauer einen Rat erteilte.

Gorgias: Wenn es ferner die Wahl gilt von Leuten, die du eben nanntest, so sind es doch, wie du siehst, die Redner, welche den Vorschlag machen und mit ihrer Meinung darüber durchdringen.

Sokrates: Darüber wundere ich mich auch, lieber Gorgias, und frage schon längst, was eigentlich die Bedeutung der Rhetorik sei. Denn wenn ich es so überlege, scheint sie mir fast von recht übermenschlicher Größe.

Gorgias: Wenn du gar erst alles wüßtest, lieber Sokrates, daß sie sozusagen die Kräfte aller anderen Künste in sich zusammenfaßt und sich unterwürfig macht! Einen entscheidenden Beweis dafür will ich dir mitteilen. Ich bin nämlich schon oft mit meinem Bruder und sonstigen Ärzten zu einem Patienten ins Zimmer getreten, der entweder keine Arznei nehmen oder sich nicht schneiden oder brennen (operieren) lassen wollte von dem Arzte, und der Arzt vermochte ihn nicht zu überreden; da habe ich ihn überredet mit keiner anderen Kunst als der Rhetorik. Ich behaupte aber auch, wenn in eine Stadt, wohin du willst, ein Redner und ein Arzt käme, und es sollte in der Volksversammlung oder vor einer anderen Versammlung im Kampfe der Rede ausgemacht werden, wer gewählt werden müsse, der Redner oder der Arzt, dann werde der Arzt durchaus zu keiner Geltung kommen, sondern der tüchtige Redner gewählt werden, wenn er es wollte. Und gelte es den Wettkampf gegen die Meister in irgend sonst einem Beruf, so werde der Redner es durchsetzen, daß man ihn wähle, eher als sonst irgend einer. Denn es gibt nichts, worüber der Redner vor der Menge nicht mit größerer Überzeugungskraft reden könnte als irgend sonst ein Sachverständiger. So umfang- und inhaltreich ist die Bedeutung unserer Kunst. Man muß jedoch, lieber Sokrates, von der Rhetorik auch nur wie von jeder anderen Kampfart Gebrauch machen. Denn auch die andere Kampfkunst muß man nicht deswegen gegen alle Menschen anwenden, weil man Faustkampf und Allkampf und Waffenkampf gelernt hat, so daß man darin stärker ist als Freund und Feind. Deshalb darf man aber noch nicht den Freund schlagen, stechen und totschlagen. Und beim Zeus, wenn einer in die Palaistra kommt, der einen kräftigen Körper hat und ein tüchtiger Faustkämpfer geworden ist, und schlägt nun seinen Vater und seine Mutter oder sonst einen Verwandten oder Freund, so darf man deshalb nicht die Turnlehrer und Fechtmeister hassen und aus den Städten jagen. Denn sie teilen diesen Menschen die Kunst mit, um sie nach Recht anzuwenden gegen die Feinde und Übeltäter, um sich zu wehren, – nicht um anzugreifen. Sie aber drehen die Sache um und machen von ihrer Stärke und Kunst nicht den rechten Gebrauch. Darum sind aber noch nicht die Lehrmeister schlecht, und die Kunst nicht schuld noch verwerflich, sondern, denke ich, die, welche sie nicht in rechter Weise üben. Ebendasselbe läßt sich auch von der Rhetorik sagen. Denn der Redner versteht es freilich, gegen alle und über alles zu reden. Daher kann er, um es kurz zu sagen, über was er immer will die Masse besser zu einer Überzeugung bringen als sonst einer. Aber nichtsdestoweniger darf er deshalb nicht den Ärzten ihre Ehre rauben, weil er das zu bewirken imstande wäre, noch auch den anderen Meistern, sondern nach dem Rechte muß man sich auch der Rhetorik bedienen, wie auch der Fechtkunst. Wenn aber, meine ich, einer ein tüchtiger Redner geworden ist und dann mit dieser Fähigkeit und Kunst Unrecht tut, so darf man seinen Lehrer doch nicht mit Haß verfolgen und aus der Stadt jagen. Denn der hat sie ihm zu gerechtem Gebrauche übergeben, dieser aber macht den entgegengesetzten Gebrauch davon. Der also, der sie nicht richtig anwendet, verdient es, daß man ihn mit Haß, Verbannung und Tod verfolge, aber nicht sein Lehrer.

Sokrates: Ich glaube, auch du, lieber Gorgias, hast über viele Unterredungen Erfahrungen gemacht und dabei auch selten den Fall erlebt, daß die Leute leicht über den Gegenstand, den sie gerade sich vorgenommen haben, sich zu unterhalten verstehen und erst, wenn sie die Sache unter einander zur Entscheidung gebracht und sich gegenseitig belehrt haben, die Unterhaltung aufheben; vielmehr, wenn sie sich über etwas streiten und der eine behauptet, der andere habe nicht recht oder drücke sich nicht deutlich aus, so werden sie unwillig und meinen, andere sagten so aus persönlicher Mißgunst gegen sie, weil sie ihre eigene Ehre suchten und nicht die in der Untersuchung vorliegende Sache. Einige gehen zuletzt gar mit Unehren auseinander, indem sie sich beschimpfen und über einander gegenseitig Dinge aussprechen, daß sich die Anwesenden um ihrer selbst willen ärgern, daß sie solcher Leute Zuhörer hatten werden wollen. Weshalb sage ich denn das? Weil du, wie mir dünkt, jetzt Dinge vorbringst, die nicht in Übereinstimmung und Einklang stehen mit deiner ersten Angabe über die Rhetorik. Ich fürchte nun dich zu widerlegen, und daß du etwa annehmest, ich rede nicht aus Eifer für die Sache, um sie aufzuklären, sondern gegen dich persönlich. Wenn du nun zu den Leuten gehörst, zu denen auch ich zähle, so möchte ich dich gern weiter fragen; wo nicht, möchte ich es lassen. Zu welchen gehöre ich denn? Zu denen, die sich gern möchten widerlegen lassen, wenn ich nicht recht habe, und die auch gern widerlegen, wenn sonst jemand nicht recht haben sollte, die aber gewiß nicht minder gern sich selbst widerlegen lassen als selber widerlegen. Denn ich halte das für ein größeres Gut, um so mehr, als es ein größeres Gut ist, selbst von dem größten Übel frei zu werden, als einen anderen davon frei zu machen. Denn ich glaube, es gibt für den Menschen kein so großes Übel als eine falsche Meinung über Dinge, denen unsere jetzige Untersuchung gilt. Wenn nun auch du dir diesen Sinn zusprichst, laß uns die Unterredung fortsetzen; wenn du aber meinst, man solle sie auf sich beruhen lassen, – nun gut, so wollen wir die Untersuchung aufheben.

Gorgias: Nein, lieber Sokrates, ich rechne mich auch zu den Leuten, wie du sie darstellst. Vielleicht sollte man jedoch auch auf die Meinung der Anwesenden Rücksicht nehmen. Denn schon lange, ehe ihr kamt, habe ich den Anwesenden vieles vorgetragen, und vielleicht werden wir jetzt zu weit gehen, wenn wir die Unterredung fortsetzen. Drum muß man auch auf diese Rücksicht nehmen, damit wir niemand abhalten, wenn er etwas anderes vornehmen wollte.

Chairephon: Ihr selbst, lieber Gorgias und Sokrates, hört, wie laut sich der Wunsch dieser Männer äußert, welche gern hören wollen, was ihr etwa zu sagen habt. Mich selbst möge fürwahr nie ein so dringendes Geschäft in Anspruch nehmen, daß ich solche Unterhaltung, die so fein geführt wird, aufgeben und es vorziehen könnte, etwas anderes vorzunehmen!

Kallikles: Bei den Göttern, lieber Chairephon, ich bin auch gewiß schon bei vielen Untersuchungen zugegen gewesen und wüßte doch nicht, daß ich jemals solches Behagen empfunden hätte wie jetzt! Mir werdet ihr daher einen Gefallen tun, wenn auch eure Unterhaltung den ganzen Tag dauern sollte.

Sokrates: Nun, lieber Kallikles, von meiner Seite steht nichts im Wege, wenn Gorgias Lust hat.

Gorgias: Nunmehr, lieber Sokrates, wird es für mich auch zur Ehrensache, mich bereit zu zeigen, zumal ich selbst jeden aufgefordert habe, zu fragen, was er wolle. Wenn es denn diesen so lieb ist, so fahre fort und frage, was du willst!

Sokrates: Höre denn, Gorgias, worüber ich mich in den von dir ausgesprochenen Behauptungen wundere: Vielleicht hast du nämlich doch recht, und ich gehe von einer unrichtigen Annahme aus. Du behauptest also, jemanden zum Redner bilden zu können, wenn er die Kunst von dir lernen will?

Gorgias: Ja.

Sokrates: So doch, daß er über alle Dinge vor dem großen Haufen überzeugend spricht, nicht belehrend, sondern nur überredend?

Gorgias: Jawohl.

Sokrates: Demgemäß sagtest du doch, daß der Redner auch über das Gesunde überzeugender sein werde als der Arzt?

Gorgias: Jawohl, vor der Menge heißt das.

Sokrates: Nicht wahr, vor der Menge heißt so viel als vor Unkundigen? Denn vor den Sachverständigen wird er doch nicht überzeugender reden als der Arzt.

Gorgias: Richtig.

Sokrates: Wenn er überzeugender reden wird als der Arzt, wird er doch überzeugender als der Sachverständige?

Gorgias: Jawohl.

Sokrates: Ohne doch Arzt zu sein. Nicht wahr?

Gorgias: Jawohl.

Sokrates: Der Nichtarzt versteht doch wohl nichts von den Dingen, die der Arzt versteht?

Gorgias: Offenbar.

Sokrates: Der Unkundige wird also vor Unkundigen überzeugender sein als der Sachverständige, wenn es der Redner mehr als der Arzt sein soll. Das ist doch die Folge; oder nicht?

Gorgias: Ja, das folgt daraus.

Sokrates: Auch im Verhältnis zu allen übrigen Künsten steht es mit dem Redner und der Rhetorik geradeso: Die Dinge selbst braucht sie nicht zu kennen nach ihrem Wesen, aber ein Mittel der Überredung muß sie gefunden haben, um den Unkundigen gegenüber den Schein zu erwecken, als verstehe man mehr davon als die Sachverständigen.

Gorgias: Ist das nicht eine große Erleichterung, lieber Sokrates, daß man die übrigen Künste nicht zu erlernen braucht, sondern nur diese eine, um hinter den Sachverständigen nicht zurückzustehen?

Sokrates: Ob der Redner durch dies Verhältnis hinter den anderen zurücksteht oder nicht, wollen wir sogleich in Erwägung ziehen, wenn es unsere Untersuchung fördert. Nun aber laß uns erwägen, ob es mit dem rhetorisch Gebildeten auch in betreff von Recht und Unrecht, von Unsittlich und Sittlich, Gut und Böse ebenso steht wie in bezug auf das Gesunde und die anderen Dinge, worauf sich die übrigen Künste beziehen, daß er nicht weiß, was gut oder böse ist, oder was sittlich oder unsittlich, oder Recht oder Unrecht, wohl aber das Mittel der Überredung darüber besitzt, so daß er, ohne sie zu verstehen, mehr davon zu verstehen scheint vor Unkundigen als der Sachverständige? Oder muß er das verstehen, und muß der, welcher dein Schüler in der Rhetorik werden will, mit dieser Vorbildung zu dir kommen? Wo nicht, wirst du als Lehrer der Rhetorik ihn in diesen Dingen nicht belehren. Denn das ist nicht deine Aufgabe. Du wirst ihn aber befähigen, vor der Menge sich den Schein zu geben, als verstehe er solche Dinge, ohne sie zu verstehen, und als sei er gut, ohne es zu sein? Oder wirst du durchaus nicht imstande sein, ihn die Rhetorik zu lehren, wenn er nicht vorher darin die Wahrheit hat kennengelernt?

Oder wie steht es damit, lieber Gorgias? Beim Zeus, teile uns doch unverhüllt, wie du eben sagtest, das eigentliche Wesen der Rhetorik mit!

Gorgias: Ich denke, Sokrates, wenn er es etwa nicht verstehen sollte, wird er auch dies bei mir lernen.

Sokrates: Halt, schon gut. Wenn du jemanden zum Rhetor bildest, muß er sich auf Recht und Unrecht entweder schon vorher verstehen oder es später bei dir lernen?

Gorgias: Jawohl.

Sokrates: Nun denn, wer in Bausachen unterrichtet ist, ist ein Bauverständiger, oder nicht?

Gorgias: Ja.

Sokrates: Und in der Musik ein Musikverständiger?

Gorgias: Ja.

Sokrates: Und in der Heilkunde ein Heilkundiger? Und auch in anderen Dingen nach dieser Analogie. Wer eine Sache gelernt hat, ist jedesmal das, was jedesmal die Wissenschaft aus ihm macht?

Gorgias: Jawohl.

Sokrates: Hiernach ist gerecht, wer das Recht erlernt hat?

Gorgias: Allerdings.

Sokrates: Der Gerechte übt doch das Rechte?

Gorgias: Ja.

Sokrates: Also ist der Redner notwendig gerecht, und der Gerechte will das Rechte üben?

Gorgias: Offenbar.

Sokrates: Der Gerechte wird gewiß nie ungerecht handeln wollen?

Gorgias: Notwendig.

Sokrates: Zufolge dieser Bestimmung muß der Redner notwendig gerecht sein?

Gorgias: Ja.

Sokrates: Der Redner wird also nie ungerecht sein wollen?

Gorgias: Offenbar nicht.

Sokrates: Erinnerst du dich nun, kurz vorher gesagt zu haben, daß man es den Turnlehrern nicht zum Vorwurf machen und sie nicht aus dem Staate jagen dürfe, wenn der Faustkämpfer in der Anwendung seiner Kunst Unrecht tue? In eben derselben Weise dürfe man auch, wenn der Redner die Rhetorik zum Unrecht gebrauche, nicht seinem Lehrer einen Vorwurf machen und ihn aus dem Staate treiben, sondern dem, der das Unrecht begehe und von der Rhetorik nicht den rechten Gebrauch mache? Ist das gesagt worden, oder nicht?

Gorgias: Ja, das wurde gesagt.

Sokrates: Jetzt aber zeigt sich, daß eben dieser Redekundige niemals könne Unrecht tun. Oder nicht?

Gorgias: Ja.

Sokrates: In den ersten Bestimmungen, lieber Gorgias, hieß es ferner, daß die Rhetorik sich auf Reden beziehe, und zwar nicht über das Gerade und Ungerade, sondern über Recht und Unrecht. Nicht wahr?

Gorgias: Ja.

Sokrates: Damals, als du dieses sagtest, nahm ich an, die Rhetorik könne niemals etwas Ungerechtes sein, da sich ja ihre Reden auf Gerechtigkeit bezögen. Als du aber bald darauf sagtest, daß der Redner auch einen unrechten Gebrauch von der Rhetorik machen könne, so wunderte ich mich; und in der Meinung, die aufgestellten Behauptungen stimmten nicht zusammen, sagte ich die Worte: Wenn du es, wie ich, für einen Gewinn erachtetest, widerlegt zu werden, so müsse man die Untersuchung fortsetzen, wo nicht, die Sache auf sich beruhen lassen. Als wir sie nun später in Betracht zogen, da wird wieder, das 321 siehst du doch auch selbst, zugestanden, der Redekundige könne unmöglich einen schlechten Gebrauch von der Rhetorik machen und unmöglich Unrecht tun wollen. Wie es nun eigentlich damit stehen mag, das genau zu durchforschen erfordert, beim Hunde, lieber Gorgias, eine lange Untersuchung.

Polos: Wie denn, Sokrates? Ist das wirklich dein Urteil über die Rhetorik, wie du da jetzt angibst? Oder glaubst du, weil Gorgias sich gescheut hat, in Abrede zu stellen, daß der redekundige Mann auch das Recht kenne und das Edle und Gute, und wenn er zu ihm komme, ohne es zu wissen, werde er selbst es ihn lehren, daß dann vielleicht aus diesem Zugeständnis irgend ein Widerspruch in seinen Reden folge? Hast du ihn doch, worin du dir bekanntlich gefällst, selbst auf solche Fragen geführt. Denn wer sollte wohl es in Abrede stellen, daß er selbst das Rechte kenne und andere lehren könne? Aber auf derartige Fragen die Untersuchung bringen zeigt einen großen Mangel an Bildung.

Sokrates: Freilich, mein allerschönster Polos, suchen wir uns ja darum gerade geflissentlich Freunde zu erwerben und Söhne, damit ihr, wenn wir selbst älter und unsere Schritte unsicher werden, uns zur Seite steht, ihr Jüngeren, und unser Leben in Tat und Wort auf die rechte

Bahn bringt. Wenn nun jetzt ich und Gorgias in der Untersuchung einen Fehler machen, so bist du da, um ihn wiedergutzumachen. Das gebührt dir. Ich bin gern bereit, von den Zugeständnissen, wenn dir eines nicht in der Ordnung scheint, jedes zurückzunehmen, was du willst, wenn du mir nur auf einen Punkt achten willst.

Polos: Was meinst du da?

Sokrates: Wenn du die langen Reden fernhalten willst, die du zuerst vorzubringen versuchtest.

Polos: Ei wie? Soll mir es nicht freistehen zu reden, soviel ich will?

Sokrates: Da wärest du freilich schlimm dran, mein Bester, wenn du nach Athen gekommen wärest, wo in ganz Griechenland am meisten Redefreiheit herrscht, und solltest hier allein der Freiheit verlustig werden. Aber stelle doch dagegen: Wenn du lange Reden hältst und auf die Frage nicht antworten willst, sollte denn nicht ich meinerseits schlimm daran sein, wenn es mir nicht freistehen soll, wegzugehen und dich nicht anzuhören? Wenn du jedoch für die vorgetragene Sache ein Interesse hast und sie in Ordnung bringen willst, so nimm, wie ich eben sagte, zurück, was dir beliebt, und suche durch Fragen und Antworten, wie ich und Gorgias, zu widerlegen und laß dich widerlegen! Denn du behauptest doch auch, dasselbe zu verstehen wie Gorgias, oder nicht?

Polos: O ja.

Sokrates: Forderst du nicht auch jeden auf, dich zu fragen, was jeder will, im Bewußtsein, daß du dich aufs Antworten verstehst?

Polos: Allerdings.

Sokrates: So tue denn auch jetzt, was du lieber willst, frage oder antworte!

Polos: Gut; ich werde das tun. Antworte mir, Sokrates: Da Gorgias nach deiner Ansicht wegen der Rhetorik in Verlegenheit geraten ist, so sprich: Wofür erklärst du sie?

Sokrates: Fragst du, was für eine Kunst sie nach meiner Ansicht sei?

Polos: Jawohl.

Sokrates: Gar keine, lieber Polos, um vor dir die Wahrheit zu sagen.

Polos: Aber für was hältst du die Rhetorik?

Sokrates: Etwas, was die Kunst hervorbringt, wie du behauptest in der Schrift, die ich kürzlich gelesen habe.

Polos: Was meinst du denn?

Sokrates: Eine Fertigkeit.

Polos: Also eine Fertigkeit scheint dir die Rhetorik zu sein?

Sokrates: Ja, wenn du nicht anders meinst.

Polos: Worin denn eine Fertigkeit?

Sokrates: In der Erzeugung von Wohlgefallen und Lust.

Polos: Also ist doch, nach deiner Meinung, die Rhetorik etwas Schönes, nämlich den Menschen wohlgefällig sein zu können?

Sokrates: Wie, lieber Polos? Hast du schon von mir erfahren, wofür ich sie halte, daß du danach fragst, ob sie mir nicht schön zu sein dünke?

Polos: Habe ich denn nicht erfahren, daß du sie für eine Fertigkeit erklärst?

Sokrates: Da du auf das Gefälligsein Gewicht legst, willst du mir einen kleinen Gefallen tun?

Polos: Gewiß.

Sokrates: Frage mich, was für eine Kunst mir das Kochen zu sein scheine!

Polos: Gut denn: was für eine Kunst ist das Kochen?

Sokrates: Gar keine, lieber Polos.

Polos: Sondern? Sprich!

Sokrates: Gut: eine Fertigkeit.

Polos: Worin? Sprich!

Sokrates: Gut: in der Erzeugung von Wohlgefallen und Lust, lieber Polos.

Polos: Ist also Kochen ein und dasselbe mit der Rhetorik?

Sokrates: Keineswegs; sondern ein Teil derselben Beschäftigung.

Polos: Welche meinst du da?

Sokrates: Daß es nur nicht gar zu großen Mangel an Bildung verrät, die Wahrheit zu sagen! Ich scheue mich, es zu sagen, wegen des Gorgias, daß er etwa glaube, ich wolle sein Geschäft lächerlich machen. Ich weiß aber nicht, ob das diejenige Rhetorik ist, womit sich Gorgias beschäftigt. Denn aus der Untersuchung eben ward uns nicht klar, was er eigentlich dafür hält. Was ich aber die Rhetorik nenne, ist ein Teil einer Sache, die nicht zu dem Schönen gehört.

Gorgias: Welcher, lieber Sokrates? Sag's nur und scheue dich nicht vor mir!

Sokrates: Sie ist, wie mir scheint, lieber Gorgias, eine Beschäftigung, die zwar nicht kunstmäßig ist, aber eine gewandte, mutige und von Natur zum Umgang mit Menschen befähigte Seele erfordert. Ihre Haupttätigkeit nenne ich Schmeichelei. Diese Beschäftigung enthält nach meiner Ansicht viele andere Teile; einer davon ist auch das Kochen. Dieses hält man zwar für eine Kunst, aber nach meiner Ansicht ist es keine Kunst, sondern eine durch Übung gewonnene Fertigkeit. Als Teile dieser Beschäftigung bezeichne ich auch die Rhetorik, die Putz-kunst und Sophistik, diese vier Teile für vier Objekte. Wenn nun Polos nachfragen will, so mag er nachfragen. Denn er hat noch nicht erfahren, welchen Teil der Schmeichelei ich unter der Rhetorik verste-he; vielmehr ist es ihm entgangen, daß ich darauf noch nicht geant-wortet habe; er aber fragt zu, ob ich sie nicht für etwas Schönes erklä-re. Ich will ihm aber nicht eher beantworten, ob ich die Rhetorik für etwas Schönes oder Häßliches halte, ehe ich ihm erst beantwortet habe, was sie ist. Denn das gebührt sich nicht, mein Polos. Wenn du es nun erfahren willst, so frage, was für einen Teil der Schmeichelei ich unter Rhetorik verstehe?

Polos: So frage ich denn, und du antworte, was für ein Teil sie ist!

Sokrates: Ob du wohl meine Antwort verstehst? Die Rhetorik ist nämlich nach meiner Ansicht ein Schattenbild eines Teiles der Politik.

Polos: Wie nun? Erklärst du sie für etwas Schönes oder Häßliches?

Sokrates: Ich für etwas Häßliches. Denn das Schlechte nenne ich häßlich; wenn ich dir denn antworten soll, als hättest du schon verstanden, was ich meine.

Gorgias: Beim Zeus, mein Sokrates, ich selbst verstehe nicht einmal, was du meinst.

Sokrates: Natürlich, lieber Gorgias, denn ich spreche mich noch nicht bestimmt aus. Unser Polos hier aber ist jung und rasch.

Gorgias: Nun laß ihn und sage mir, wieso die Rhetorik ein Schattenbild eines Teiles der Politik sein soll?

Sokrates: Nun, ich will dir meine Ansicht über die Rhetorik mitteilen. Wenn sie das nicht ist, so wird mich Polos hier widerlegen. Du un-terscheidest doch Leib und Seele?

Gorgias: Natürlich.

Sokrates: Nicht wahr, es gibt doch auch ein Wohlbefinden dieser beiden?

Gorgias: Ja.

Sokrates: Ferner auch ein scheinbares Wohlbefinden, das in Wahrheit nichtig ist? Ich meine zum Beispiel so etwas: viele scheinen sich leidlich wohl zu befinden, und doch könnte nicht leicht jemand be-merken, daß es nicht so mit ihnen steht, als ein Arzt und ein Lehrer der Gymnastik.

Gorgias: Sehr wahr.

Sokrates: So etwas ist, meine ich, im Leib und in der Seele, was den Schein des Wohlbefindens in Leib und Seele erweckt, während sie sich um nichts weniger Wohlbefinden.

Gorgias: So ist's.

Sokrates: Wohlan denn: ich will dir, wenn es möglich ist, meine Meinung deutlicher auseinandersetzen. Wie der Objekte zwei sind, nehme ich zwei Künste an. Diejenige, welche sich auf die Seele bezieht, nenne ich Politik; die auf den Leib bezügliche vermag ich dir nicht so mit einem Namen zu nennen, aber ich unterscheide an dieser einen Pflege des Leibes zwei Teile, die Gymnastik und die Heilkunde. In der Politik bezeichne ich als Gegenstück der Gymnastik die Kunst der Gesetzgebung, und als Gegenstück der Heilkunde die Gerechtigkeitspflege. Natürlich haben jedesmal zwei von ihnen wegen ihrer Beziehung auf dasselbe Objekt einiges mit einander gemein, die Heilkunde mit der Gymnastik und die Gerechtigkeitspflege mit der Kunst der Gesetzgebung. Aber sie unterscheiden sich den noch von einander. Indem es nun diese vier Teile gibt und diese immer auf das Beste ihre Pflege richten, die einen von dem Leibe, die anderen von der Seele, so nimmt die Schmeichelei dies wahr – ich sage nicht: erkennt es, sondern mutmaßt es -, teilt sich vierfach, hüllt sich unter jeden der Teile und gibt vor, das zu sein, unter was sie sich versteckt, und kümmert sich durchaus nicht um das Beste, sondern macht je mit dem Angenehmsten Jagd auf den Unverstand und täuscht ihn, so daß sie einen sehr hohen Wert zu haben scheint. Unter die Heilkunde hat sich das Kochen versteckt und gibt vor, die besten Speisen für den Leib zu wissen. Wenn daher ein Koch und ein Arzt unter Kindern oder vor Männern, die unverständig sind wie die Kinder, mit einander streiten sollten, wer sich am besten auf die guten und schlechten Speisen versteht, der Arzt oder der Koch, so müßte der Arzt Hungers sterben. Das aber nenne ich Schmeichelei, und so etwas halte ich für häßlich, lieber Polos – denn das sage ich zu dir –, weil sie nach dem Angenehmen strebt mit Ausschluß des Besten. Als Kunst bezeichne ich sie aber nicht, sondern als Fertigkeit, weil sie keine Rechenschaft über die natürliche Beschaffenheit der Mittel zu geben weiß, welche sie anwendet, so daß sie die Ursache zu jedem Einzelnen nicht anzugeben weiß. Ich aber nenne etwas, was ohne Bewußtsein des Grundes ist, nicht eine Kunst. Wenn du hierüber anderer Meinung bist, so bin ich bereit, dir darüber Rede zu stehen. Der Heilkunde also schiebt sich, wie ich sage, die kochkundige Schmeichelei unter; der Gymnastik nach derselben Norm die Putzkunde mit ihrem boshaften, trugvollen, unedlen und unwürdigen Wesen, und täuscht in Formen und Farben mit Politur und Gewandung, so daß sie die Leute dazu verlockt, eine geborgte Schönheit sich anzulegen und die durch die Gymnastik erzeugte echte zu vernachlässigen. Um nun nicht weitschweifig zu werden, will ich dir es deutlich machen nach Art der Mathematiker – denn vielleicht magst du schon folgen: Wie sich die Putzkunde zur Gymnastik verhält, so das Kochen zur Heilkunst; oder besser so: wie die Putzkunde zur Gymnastik, so die Sophistik zur Gesetzgebungskunst, und wie das Kochen zur Heilkunst, so die Rhetorik zur Rechtspflege. Was ich meine, ist nämlich: so groß ist nach ihrem Wesen ihr Abstand von einander; weil sie aber äußerlich nahe stehen, so vermengen sich Sophisten und Rhetoren in demselben Gebiet und in bezug auf dieselben Objekte und wissen weder selbst, wie sie sich stellen sollen, noch wissen die anderen Menschen etwas mit ihnen anzufangen. Denn wenn nicht die Seele über den Leib herrschte, sondern er selbst über sich, und das Kochen und die Heilkunst nicht von jener gesichtet und geschieden würde, sondern der Leib selbst nach dem Maßstab seines eigenen Wohlgefallens entschiede, dann hätte, mein lieber Polos, der Satz des Anaxagoras – denn du kennst das ja – eine weite Geltung: *Alte Dinge mengten sich dann zusammen in demselben Gebiete,* und es wäre kein Unterschied zwischen Dingen der Heilkunde, Gesundheit und der Kochkunde. Was ich nun unter der Rhetorik verstehe, hast du gehört: ein Gegenstück der Kochkunst für die Seele, wie jene für den Leib ist. Vielleicht nun habe ich darin ungeschickt gehandelt, daß ich dich keine langen Vorträge halten ließ und doch selbst meine Rede weit ausgedehnt habe. Man muß mir das nachsehen; denn als ich kurz sprach, verstandest du mich nicht und warst nicht imstande, mit der Antwort, die ich dir gab, etwas anzufangen, sondern bedurftest einer weiteren Auseinandersetzung. Wenn ich nun auch mit deiner Antwort nichts anzufangen weiß, dann dehne auch deinen Vortrag aus; wenn ich es aber weiß, so laß mich gewähren! Denn so gebührt es sich. Und wenn du jetzt mit dieser Antwort etwas anzufangen weißt, so tue es!

327 *Polos:* Was meinst du also? Du hältst die Rhetorik für Schmeichelei?

Sokrates: Ich sagte, für einen Teil der Schmeichelei. Du aber entsinnst dich dessen nicht, obwohl du noch so jung bist, mein Polos? Was soll daraus werden?

Polos: Scheinen dir etwa die guten Redner in dem Staat wie Schmeichler für schlecht zu gelten?

Sokrates: Richtest du da eine Frage an mich, oder sprichst du den Anfang eines Vertrags?

Polos: Ich frage dich.

Sokrates: Wie mir dünkt, gelten sie gar nicht einmal etwas.

Polos: Wieso gelten nicht? Haben sie nicht die größte Macht im Staate?

Sokrates: Nein, wenn du das Macht haben für etwas Gutes hältst für den, der sie hat.

Polos: Ja, freilich meine ich das.

Sokrates: Unter den Machthabern im Staate also scheinen mir die Rhetoren die geringste Macht zu besitzen.

Polos: Wie? Töten sie nicht, wie die Tyrannen, wen sie wollen, nehmen Vermögen weg und vertreiben aus dem Staate, wie ihnen gut dünkt?

Sokrates: Beim Hunde! Ich weiß doch bei jedem Satz, lieber Polos, den du sprichst, nicht, ob du das selbst sagst und deine eigene Meinung darstellen willst, oder ob du mich fragst.

Polos: Ja, freilich frage ich dich.

Sokrates: Nun gut, mein Lieber: Dann tust du zwei Fragen zugleich an mich.

Polos: Wieso zwei?

Sokrates: Sagtest du nicht eben ungefähr, daß die Redner töten, wen sie wollen, wie die Tyrannen, und Vermögen wegnehmen und aus dem Staate vertreiben, wen ihnen gut dünkt?

Polos: Jawohl.

Sokrates: Ich sage dir also, daß das zwei Fragen sind, und werde dir auf beide antworten. Ich meine nämlich, lieber Polos, die Redner und die Tyrannen haben in dem Staate höchst geringe Macht, wie ich eben erst sagte. Denn sie tun eigentlich nichts von dem, was sie wollen; sie tun jedoch, was ihnen am besten zu sein scheint.

Polos: Heißt das nicht große Macht haben?

Sokrates: Nein, wie Polos behauptet.

Polos: Ich leugnete das? Ich behaupte es ja gerade.

Sokrates: Beim –, du nicht, da du große Macht für ein Gut erklärtest für den, der sie hat.

328

26

Polos: Ja, das meine ich.

Sokrates: Erklärst du sie für ein Gut, wenn jemand das tut, was ihm am besten zu sein dünkt, ohne daß er Verstand hat? Nennst du das große Macht haben?

Polos: Nein doch.

Sokrates: Wirst du mich nun widerlegen und beweisen, daß die Redner Verstand haben und die Rhetorik eine Kunst ist und keine Schmeichelei? Wenn du mich aber unwiderlegt lassen wirst, so werden die Redner, welche in dem Staate tun, was ihnen gut dünkt, und die Tyrannen darin kein Gut besitzen, wenn ja die Macht, wie du sagst, ein Gut ist, während du doch auch zugibst, daß das Tun ohne Verstand ein Übel sei. Oder nicht?

Polos: Ja.

Sokrates: Wie könnten nun die Redner oder Tyrannen in dem Staate große Macht besitzen, wenn nicht dem Sokrates von Polos nachgewiesen wird, daß sie tun, was sie wollen?

Polos: Dieser Mann –

Sokrates: Sie tun, wie ich sage, nicht, was sie wollen. Widerlege mich doch!

Polos: Gestandest du nicht eben zu, sie täten das, was ihnen das Beste zu sein dünke?

Sokrates: Auch jetzt gebe ich es zu.

Polos: Tun sie also nicht, was sie wollen?

Sokrates: Nein.

Polos: Und tun doch, was ihnen gut dünkt?

Sokrates: Ja.

Polos: Das sind schreckliche, unbegreifliche Reden, mein Sokrates.

Sokrates: Gehe nicht so hart mit mir um, o hochge*lob*ter Polos, um dich nach deiner Weise anzureden; sondern wenn du mich zu fragen weißt, so zeige, daß ich im Irrtum bin; wo nicht, antworte selbst!

Polos: Gut, ich will antworten, um doch auch zu erfahren, was du meinst.

Sokrates: Wollen also nach deiner Meinung die Menschen jedesmal das, was sie gerade tun, oder das, um deswillen sie die Tätigkeit üben? Zum Beispiel wollen diejenigen, die Arzneien einnehmen nach dem Gebote des Arztes, wollen sie das, was sie tun, nämlich Arznei einnehmen und Schmerzen haben, oder das, um deswillen sie einnehmen, die Gesundheit?

Polos: Offenbar die Gesundheit, um deswillen sie einnehmen.

Sokrates: So ist auch bei den Seefahrern und denen, die sonst einem Erwerbe nachgehen, nicht das der Gegenstand des Wollens das, was sie gerade tun, – denn wer will auf der See fahren, Gefahren ausstehn und in Not sich befinden? – sondern das, denke ich, wollen sie, um deswillen sie die See befahren: reich werden. Denn um des Reichtums willen machen sie Seereisen.

Polos: Jawohl.

Sokrates: Nicht wahr, so ist's auch in allen Stücken? Wenn jemand etwas um eines Zweckes willen tut, so will er nicht die Tätigkeit, sondern den Zweck, um deswillen er tätig ist?

Polos: Ja.

Sokrates: Gibt es nun irgend etwas, was nicht entweder gut ist oder böse, oder ein Mittleres zwischen beiden, weder gut noch böse?

Polos: Ganz notwendig muß einer der fälle stattfinden, lieber Sokrates.

Sokrates: Nicht wahr, für ein Gut erklärst du Weisheit, Gesundheit, Reichtum und anderes der Art, für Übel aber ihr Gegenteil?

Polos: Ja.

Sokrates: Unter dem Mittleren zwischen Gut und Böse verstehst du doch solche Dinge, welche bisweilen am Guten teil haben, bisweilen am Bösen, bisweilen an keinem von beiden, z.B. sitzen, gehen, laufen, eine Seefahrt machen, und andererseits z.B. auch Steine, Holz und anderes der Art? Meinst du das nicht? Oder verstehst du etwas anderes unter dem Mittleren zwischen Gut und Böse?

Polos: Nein, sondern das.

Sokrates: Tut man nun dies Mittlere, wenn man es tut, wegen des Guten, oder das Gute um des Mittleren willen?

Polos: Natürlich das Mittlere um des Guten willen.

Sokrates: Im Streben nach dem Guten also gehen wir, wenn wir gehen, weil wir meinen, es sei so gut, und bleiben andererseits stehen, wenn wir stehen bleiben, um desselben willen, nämlich um des Guten willen, oder nicht?

Polos: Ja.

Sokrates: Nicht wahr, wenn wir einen töten, töten wir ihn auch, vertreiben ihn, nehmen ihm sein Vermögen, in der Meinung, es sei vorteilhafter für uns, dies zu tun, als es zu unterlassen?

Polos: Jawohl.

Sokrates: Wer also diese Dinge tut, tut sie um des Guten willen?

Polos: Ja.

Sokrates: Wir haben also zugestanden, daß wir nicht das wollen, was wir um irgend eines Zweckes willen tun, sondern das Ziel, um deswillen wir es tun.

Polos: Allerdings.

Sokrates: Also wollen wir nicht so schlechthin töten und nicht aus dem Staate vertreiben, noch Vermögen wegnehmen; sondern, wenn es nützlich ist, dann wollen wir es tun, wenn es aber schädlich ist, dann nicht. Denn das Gute wollen wir, wie du sagst, aber nicht das, was weder gut noch böse ist, noch auch das Böse. Nicht wahr? Habe ich recht, lieber Polos, oder nicht? – Warum antwortest du nicht?

Polos: Du hast recht.

Sokrates: Wenn wir also das zugeben, – wenn jemand einen tötet oder aus dem Staate vertreibt oder ihm seine Habe nimmt, sei's ein Tyrann, sei's ein Redner, in der Meinung, so sei es gut für ihn, während es gerade schlecht ist, – der tut doch wohl, was ihm gut scheint? Nicht wahr?

Polos: Ja.

Sokrates: Auch was er will, wenn das gerade schlecht ist? – Warum antwortest du nicht?

Polos: Nun, er tut wohl nicht, was er will.

Sekretes: Hat so ein Mensch wirklich eine große Macht in dem Staate da, wenn ja der Besitz großer Macht nach deinem eigenen Zugeständnis ein Gut ist?

Polos: Nein.

331 *Sokrates:* Hatte ich also recht, wenn ich sagte, ein Mensch könne in einem Staate tun, was ihm gut dünke, und habe doch keine große Macht und tue auch nicht, was er wolle?

Polos: So würdest du also, lieber Sokrates, die Freiheit, im Staate tun zu können, was dir gut dünkt, nicht lieber nehmen als sie missen, und auch den nicht beneiden, den du einen töten sähest nach eigenem Gutdünken, oder Vermögen wegnehmen, oder einen ins Gefängnis werfen?

Sokrates: Mit Recht oder Unrecht, wie meinst du?

Polos: Wie dem auch sei, ist er nicht in beiden Fällen zu beneiden?

Sokrates: Rede nicht gottlos, lieber Polos!

Polos: Warum gar?

Sokrates: Weil man die nicht beneiden soll, die nicht zu beneiden und unglücklich sind; sondern bemitleiden soll man sie.

Polos: Wie? So steht es nach deiner Meinung mit den Menschen, von denen ich rede?

Sokrates: Allerdings.

Polos: Wer also einen tötet nach Gutdünken und mit Recht tötet, der soll unglücklich sein und bemitleidenswert?

Sokrates: O nein; aber auch nicht beneidenswert.

Polos: Nanntest du ihn nicht eben unglücklich?

Sokrates: Den, der mit Unrecht tötet, mein Freund, und noch bemitleidenswert obendrein; wer es mit Recht tut, den nannte ich nicht beneidenswert.

Polos: Ist denn wohl nicht viel eher der, welcher mit Unrecht umkommt, bemitleidenswert und unglücklich?

Sokrates: Weniger als der ihn tötete, lieber Polos, und weniger als der mit Recht umkam.

Polos: Wieso denn, Sokrates?

Sokrates: So wie nämlich der Übel größtes das Unrechttun ist.

Polos: Ist denn das wirklich das größte? Ist nicht das Unrechtleiden größer?

Sokrates: Durchaus nicht.

Polos: Du wolltest also lieber Unrecht leiden als tun?

Sokrates: Ich wollte keines von beiden. Wenn ich aber notwendig Unrecht tun oder leiden müßte, so würde ich das Leiden dem Tun vorziehen.

Polos: Du möchtest also nicht Tyrann sein?

Sokrates: Nein, wenn du unter »Tyrannsein« dasselbe verstehst wie ich. 332

Polos: Nein, ich meine das, was ich eben sagte: Freiheit, in dem Staate zu tun, was einem gut dünkt, töten, verbannen, und alles zu tun nach eigenem Ermessen.

Sakrales: Mein Trefflicher, laß mich nun reden und greife mich mit Gründen an: Wenn ich nämlich auf dem Markte, wenn er gedrängt voll ist, einen Dolch unter den Arm nähme und sagte zu dir: »Lieber Polos, mir ist kürzlich eine merkwürdige Macht und Herrschaft wie eines Tyrannen zuteil geworden. Wenn mir es nämlich gut dünkt, irgend einen von den Menschen, die du da siehst, gleich auf der Stelle zu töten, so wird er fallen nach meinem Belieben. Und wenn es mir beliebt, einem den Kopf zu spalten, wird er gleich auf der Stelle gespalten sein, und wenn es mir gefällt, das Kleid aufzuschlitzen, sofort wird es aufgeschlitzt sein. So groß ist meine Macht in dem

Staate hier.« Wenn du's nun nicht glauben wolltest und ich zeigte dir den Dolch, so würdest du dann vielleicht sagen: »Lieber Sokrates, so könnten alle eine große Macht haben, denn auf diese Weise kann auch ein Haus nach deinem Gutdünken niedergebrannt werden und die Schiffswerften der Athener, ihre Dreiruderer und alle Lastschiffe des Staates und der Privatleute. Aber das ist nicht der Besitz großer Macht, zu tun, was einem gut dünkt.« Oder meinst du?

Polos: Nein – so natürlich nicht.

Sokrates: Weißt du anzugeben, warum dir eine solche Macht nicht behagt?

Polos: O ja.

Sokrates: Warum denn? Sprich!

Polos: Weil notwendig, wer so handelt, Strafe leiden muß.

Sokrates: Ist aber das Strafeleiden nicht ein Übel?

Polos: Jawohl.

Sokrates: Also stellt sich auch wieder für dich, du Wunderlicher, heraus, daß nur dann, wenn jemand tut, was ihm gut dünkt, und es folgt für ihn ein Vorteil, daß nur dann die große Macht ein Gut ist, und das heißt, wie's scheint, allein große Macht. Wo nicht, ist das ein Übel und in Wahrheit eine geringe Macht. Laß uns aber auch folgendes erwägen: Nicht wahr, wir gestehen zu, daß es bisweilen besser ist, das zu tun, wovon wir eben erst redeten, Menschen töten, verjagen und ihres Gutes berauben, bisweilen aber nicht?

333

Polos: Jawohl.

Sokrates: Das wird also, scheint es, von dir und mir zugestanden.

Polos: Ja.

Sokrates: Wann ist es nun, nach deiner Ansicht, besser, es zu tun? Sage, welche Grenzen bestimmst du?

Polos: Beantworte doch du, lieber Sokrates, eben diesen Punkt!

Sokrates: Also ich meine, lieber Polos, wenn du es lieber von mir hören willst: Besser ist es, wenn es mit Recht, schlechter, wenn es mit Unrecht geschieht.

Polos: Da ist's freilich schwer, dich zu widerlegen! Aber könnte dich nicht schon ein Kind des Irrtums überführen?

Sokrates: Ich werde es dann dem Kinde großen Dank wissen, und gleichen Dank dir, wenn du mich widerlegst und von der Torheit befreist. Werde ja nicht müde, einem befreundeten Manne Wohltaten zu erweisen, und widerlege mich!

Polos: Wahrlich, lieber Sokrates, ich brauche dich gar nicht mit alten Tatsachen zu widerlegen. Denn Ereignisse von gestern und ehegestern genügen zur Widerlegung und zum Beweise, daß viele Menschen Unrecht tun und doch glücklich sind.

Sokrates: Welche wären denn das?

Polos: Du siehst doch den Archelaos da, den Sohn des Perdikkas, den Herrscher von Makedonien?

Sokrates: Wenn auch das nicht gerade, so höre ich doch von ihm.

Polos: Ist er glücklich nach deiner Meinung, oder unglücklich?

Sokrates: Ich weiß es nicht, mein Polos, denn ich habe noch keinen Umgang gehabt mit dem Manne.

Polos: Wie? Nur im Umgange kannst du es erkennen, sonst aber von hier aus erkennst du nicht, daß er glücklich ist?

Sokrates: Beim Zeus, nein, wirklich nicht!

Polos: Natürlich, Sokrates, wirst du auch behaupten, nicht zu erkennen, daß der Großkönig glücklich ist?

Sokrates: Darin habe ich auch recht. Denn ich weiß ja nicht, wie es mit seiner inneren Bildung und Gerechtigkeit steht.

Polos: Ei? Besteht darin der Inbegriff der Glückseligkeit?

Sokrates: Wie ich meine, ja, lieber Polos. Denn den tugendlichen Mann und das tugendliche Weib nenne ich glücklich, den ungerechten und schlechten unglücklich.

Polos: Also nach deiner Ansicht ist der Archelaos unglücklich?

Sekretes: Wenn er nämlich ungerecht ist, mein Lieber.

Polos: Freilich erst recht ungerecht. Hatte er doch auf die Herrschaft, die er jetzt besitzt, gar kein Recht, da er von einer Mutter stammt, welche Sklavin des Alketas, des Bruders des Perdikkas, war, und dem Rechte nach wäre er Sklave des Alketas, und wenn er Recht tun wollte, so bliebe er Sklave des Alketas und wäre glücklich nach deiner Ansicht. Nun ist er aber ganz erstaunlich unglücklich geworden, da er das größte Unrecht begangen hat: hat er doch erstlich diesen seinen Herrn und Oheim kommen lassen unter dem Verwände, ihm den Thron übergeben zu wollen, den Perdikkas ihm entrissen hatte, hat ihn bewirtet, trunken gemacht, mit seinem Vetter und fast Altersgenossen Alexandros auf einen Wagen gesetzt, beide bei Nacht hinausgeschafft, totgeschlagen und beiseite gebracht, und bei alle diesem Unrecht hat er es selbst nicht gemerkt, daß er höchst unglücklich geworden ist, und hat die Tat nicht bereut. Ja, bald darauf hat er sein

Glück wieder nicht gründen wollen, indem er seinen echten Bruder, den Sohn des Perdikkas, ein Kind von ungefähr sieben Jahren, dem der Thron dem Rechte nach gehörte, in Gerechtigkeit auferzogen und ihm den Thron zurückgegeben hätte: sondern in einen Brunnen hat er ihn gestürzt und ersäuft und zu seiner Mutter Kleopatra gesagt, er sei bei Verfolgung einer Gans hineingestürzt und umgekommen. Weil er also das größte Unrecht unter den Leuten in Makedonien begangen hat, ist er der Unglückseligste unter allen Makedoniern und nicht der Glücklichste, und vielleicht gibt es manchen Athener, Au an der Spitze, der lieber irgend ein anderer Makedonier sein möchte als Archelaos.

Sokrates: Ja, zu Anfang unserer Unterredung, lieber Polos, mußte ich dich loben, weil du mir trefflich auf die Rhetorik eingeübt zu sein schienest, während du auf die Dialektik keinen Wert gelegt hättest. Doch jetzt, nicht wahr, das soll der Beweis sein, durch den mich auch ein Kind widerlegen könnte, und ich bin jetzt von dir, wie du meinst, durch diesen Beweis widerlegt, meine Behauptung nämlich, daß glücklich nicht sei, wer Unrecht tue? Woher denn, mein Guter? Wahrlich gar nichts von dem, was du vorbringst, gestehe ich dir zu.

Polos: Ja, du willst nicht; dennoch dünkt es dir doch so, wie ich es sage.

Sokrates: Mein Trefflicher, nach Rhetorenweise suchst du mich zu widerlegen, wie die, welche vor Gericht zu widerlegen glauben. Denn auch dort meinen die einen die anderen zu widerlegen, wenn sie viele angesehene Zeugen für ihre Behauptungen aufstellen, während der Gegner nur einen oder gar keinen vorbringt. Diese Art von Widerlegung ist gar nichts wert im Vergleich zur Wahrheit. Denn bisweilen kann man auch von vielen in Geltung stehenden Leuten durch falsches Zeugnis hintergangen werden. In dem, was du eben vortrugst, werden dir fast alle Athener und Fremden beistimmen. Wenn du Zeugen gegen mich aufstellen willst, daß ich unrecht habe, werden für dich Zeugnis ablegen, wenn du willst, Nikias, der Sohn des Nikeratos, und seine Brüder mit ihm, von denen die in einer Reihe aufgestellten Dreifüße im Dionysostempel stammen; ferner, wenn du willst, Aristokrates, der Sohn des Skellias, von dem auch das schöne Weihgeschenk in Pytho stammt; und wenn du's wünschest, das ganze Haus des Perikles, oder eine andere Sippschaft, die du dir aus den hiesigen Geschlechtern auslösen magst. Aber ich allein stimme dir nicht bei. Denn du zwingst mich nicht, sondern stellst viele falsche Zeugen gegen mich auf und suchst mich dadurch vom Boden der wirklichen Wahrheit zu verdrängen. Wenn ich aber nicht dich selbst allein als Zeugen aufstelle, der meiner Behauptung zustimmt, so will ich nicht glauben, irgend etwas der Rede Wertes in der Untersuchung, die wir führen, vor mich gebracht zu haben. Ich glaube aber, auch du hast es nicht, wenn nicht ich Einziger allein für dich zeuge, während du die anderen alle beiseite läßt. Es gibt nämlich diese Art der Widerlegung, die du mit vielen anderen für eine hältst; es gibt aber auch eine andere, die ich meinerseits für die rechte halte. Laß sie uns also mit 336 einander vergleichen und erwägen, ob sie sich in der Güte von einander unterscheiden: Denn der Gegenstand unseres Streites ist ja nichts so gar Unbedeutendes, sondern gerade das, worin klares Wissen besonders zu loben, Nichtwissen zu tadeln ist. Denn der Hauptsache nach handelt es sich darum, zu erkennen oder nicht, wer glücklich ist und wer nicht. So meinst du – um was es sich jetzt handelt – gleich von vornherein, ein Mensch könne glücklich sein, wenn er Unrecht tue und ungerecht sei, wenn du nämlich den Archelaos für ungerecht hältst, aber doch für glücklich. Nicht wahr, so sollen wir doch deine Ansicht annehmen?

Polos: Jawohl.

Sekretes: Ich aber halte es für unmöglich. In diesem einen Stück sind wir verschiedener Meinung. Nun gut: Soll er auch dann für glücklich gelten, wenn er für sein Unrecht die gebührende Strafe erhält?

Polos: Keineswegs, denn in dem Falle würde er ja höchst unglücklich.

Sokrates: Wenn also der Übeltäter keine Strafe erhält, soll er nach deiner Ansicht für glücklich gelten?

Polos: Ja.

Sakrales: Nach meiner Ansicht aber, lieber Polos, ist der Übeltäter und Ungerechte in jedem Falle unglücklich, unglücklicher jedoch, wenn er dem Rechte nicht genügt und der Strafe nicht verfällt für sein Vergehen, weniger unglücklich aber, wenn er dem Rechte genügt und der Strafe verfällt vor Göttern und Menschen.

Polos: Du suchst ja, Sokrates, lauter ungereimte Behauptungen aufzustellen.

Sokrates: Ich will ja auch dich, lieber Freund, zur Übereinstimmung mit mir zu bringen suchen. Denn ich halte dich für meinen Freund. Jetzt ist also der Gegenstand unserer Meinungsverschiedenheit folgender:

Überlege auch du es: Ich sagte doch vorher, das Unrechttun sei schlimmer als Unrechtleiden?

Polos: Jawohl.

Sokrates: Du meintest, das Unrechtleiden sei es.

Polos: Ja.

Sokrates: Und die, welche Unrecht tun, bezeichnete ich als unglücklich und wurde von dir widerlegt.

Polos: Ja, beim Zeus!

Sokrates: Wie du nämlich meinst, lieber Polos.

Polos: Und darin habe ich doch wohl recht.

Sokrates: Du erklärtest aber auch die Unrechttuenden für glücklich, wenn sie keine Strafe zu erleiden hätten.

Polos: Jawohl.

Sokrates: Ich aber erkläre sie für höchst unglücklich, weniger aber die, welche Strafe leiden. Willst du auch das widerlegen?

Polos: Ja, das ist noch schwerer als jenes erste zu widerlegen, lieber Sokrates.

Sokrates: O nein, mein Polos, es ist ganz unmöglich. Denn die Wahrheit wird niemals widerlegt.

Polos: Wie meinst du? Wenn ein Mensch, der widerrechtlich nach der Tyrannenherrschaft strebt, ergriffen wird und dann gefoltert, verschnitten, die Augen werden ihm ausgebrannt, und viele schwere Mißhandlungen mannigfaltiger Art werden ihm selbst angetan und seinen Kindern und seinem Weibe, und zuletzt wird er ans Kreuz geschlagen oder in Pech gesotten, – der soll glücklicher sein, als wenn er glücklich durchkommt, Tyrann wird und als Herrscher in dem Staate bis zu seinem Ende lebt und tut, was er will, beneidet und glücklich gepriesen von seinen Mitbürgern und von den Ausländern? Das soll unmöglich sein zu widerlegen?

Sokrates: Du willst mir jetzt bange machen, mein trefflicher Polos, ohne mich zu widerlegen, wie du vorhin Zeugen aufriefst. Doch komm meinem Gedächtnis ein wenig zu Hilfe: Wenn er widerrechtlich nach der Tyrannenherrschaft strebt, sagtest du?

Polos: Ja.

Sokrates: Glücklicher also wird niemals einer sein als der andere, weder der, welcher die Herrschaft widerrechtlich sich erworben hat, noch der, welcher Strafe leidet. Denn von zwei Unglücklichen kann keiner glücklicher sein. Unglücklich ist jedoch der, welcher glücklich durchkommt und die Herrschaft erlangt. Was soll das heißen, Polos? Du lachst? Ist das wieder eine andere Art Widerlegung, wenn jemand seine Meinung ausspricht, ihn auszulachen, aber nicht zu widerlegen?

Polos: Hältst du dich nicht schon für widerlegt, lieber Sokrates, wenn du solche Dinge vorbringst, die kein Mensch vertreten möchte? Frage doch einen von diesen!

Sokrates: Lieber Polos, ich bin kein Staatsmann, und als ich vor einem Jahre in den Rat gewählt war und unsere Phyle den Vorsitz hatte und ich abstimmen lassen mußte, machte ich mich lächerlich und wußte nicht abstimmen zu lassen. Heiße mich also auch jetzt nicht die Anwesenden abstimmen lassen; sondern, wenn du keinen besseren Beweis hast als diesen, so gib mir einmal, wie ich eben erst sagte, meinerseits Gelegenheit und versuche es einmal an einem Beweise, wie er nach meiner Ansicht sein muß! Denn ich weiß für das, was ich sage, nur einen einzigen Zeugen aufzustellen: meinen Gegner selbst, mit dem ich die Unterredung führe; die große Masse aber lasse ich laufen, und einen verstehe ich zur Abstimmung zu bringen, mit der großen Masse aber unterrede ich mich gar nicht. Sieh also, ob du mir der Reihe nach Gelegenheit zum Beweise geben und meine Fragen beantworten willst. Denn ich glaube ja, daß nicht bloß ich, sondern auch du und die anderen Menschen das Unrechttun für ein größeres Übel halten als das Unrechtleiden, und nicht Strafe zu leiden für ein größeres Übel als das Erleiden der Strafe.

Polos: Nach meiner Ansicht aber denke weder ich so noch sonst irgend ein anderer Mensch. Du also zögest es vor, lieber Unrecht zu leiden als zu tun?

Sokrates: Auch du und die anderen alle.

Polos: Weit gefehlt, weder ich, noch du, noch sonst jemand.

Sokrates: Willst du also antworten?

Polos: Jawohl. Denn ich bin begierig zu erfahren, was du eigentlich vorbringen wirst.

Sokrates: Sage mir denn, damit du es erfahrest, wie wenn ich von vornherein dich fragte: Hältst du, mein Polos, das Unrechttun oder das Unrechtleiden für ein größeres Übel?

Polos: Ich das Unrechtleiden.

Sokrates: Was denn aber für häßlicher Das Unrechttun oder das Unrechtleiden? Antworte!

Polos: Das Unrechttun.

Sokrates: Nicht auch für schlechter, wenn für häßlicher?

Polos: Keineswegs.

Sokrates: Ich verstehe. Schön und Gut und Schlecht und Häßlich hältst du, scheint es, nicht für identisch.

Polos: Nein.

Sokrates: Wie aber das? Nennst du alles Schöne, z.B. Körper, Farben, Gestalten, Stimmen, Beschäftigungen, schön, ohne auf etwas Rücksicht zu nehmen? Zum Beispiel zunächst die schönen Körper: nennst du sie nicht schön entweder nach dem Nutzen, danach wozu jeder dienlich ist, oder nach einer Lust, wenn das Anschauen davon den Anschauenden Freude erweckt? Weißt du außerdem noch etwas über die Schönheit eines Körpers zu sagen?

Polos: Nein.

Sokrates: Nennst du nicht auch alles übrige ebenso. Gestalten und Falben, entweder wegen einer Lust oder eines Nutzens oder um beider willen, schön?

Polos: Ja.

Sokrates: Nicht ebenso auch die Stimmen und alles, was sich auf Musik bezieht?

Polos: Ja.

Sokrates: Ferner das Schöne, was sich auf Gesetze und Berufsarten bezieht, fällt doch nicht jenseits dieser Bestimmung, daß es entweder nützlich sei oder angenehm oder beides?

Polos: Ich denke nicht.

Sokrates: Steht's nicht ebenso auch mit der Schönheit der Wissenschaften?

Polos: Jawohl. Ganz treffend bestimmst du jetzt, lieber Sokrates, das Schöne nach der Lust und dem Guten.

Sokrates: Nicht auch das Häßliche nach dem Gegenteil, dem Schmerz und dem Bösen?

Polos: Notwendig.

Sokrates: Wenn also unter zwei schönen Dingen das eine schöner ist, so ist es das, weil entweder eines von beiden oder beide überwiegen, entweder Annehmlichkeit oder Nutzen oder beides?

Polos: Jawohl.

Sokrates: Und wenn denn unter zwei häßlichen Dingen das eine häßlicher ist, so wird es das sein, weil entweder ein Schmerz oder ein Übel bei ihm überwiegt. Oder ist das nicht notwendig?

Polos: Ja.

Sokrates: Wohlan, wie sagten wir eben doch in betreff des Unrechttuns und Unrechtleidens? Meintest du nicht, das Unrechtleiden sei ein größeres Übel, das Unrechttun aber häßlicher?

Polos: Jawohl.

Sokrates: Nicht wahr, wenn das Unrechttun häßlicher ist als das Unrechtleiden, so ist es entweder schmerzvoller, und der Schmerz überwiegt bei ihm, oder es ist es durch ein Übel, oder beides? Ist das nicht auch notwendig?

Polos: Allerdings.

Sokrates: Laß uns denn zuerst überlegen, ob mit dem Unrechttun mehr Schmerz sich verknüpft als mit dem Unrechtleiden, und ob die Unrechttuenden größere Schmerzen haben als die Unrechtleidenden?

Polos: Das keineswegs, mein Sokrates.

Sokrates: Also der Schmerz überwiegt nicht?

Polos: Nein.

Sokrates: Wenn der Schmerz nicht überwiegt, so doch auch nicht mehr beide.

Polos: Offenbar nicht.

Sokrates: Also bleibt nur das andere noch übrig.

Polos: Ja.

Sokrates: Das Übel.

Polos: So scheint es.

Sokrates: Wenn nun beim Unrechttun das Übel überwiegt, so möchte es doch ein größeres Übel sein als das Unrechtleiden.

Polos: Offenbar.

Sokrates: Nicht wahr, von den meisten Menschen und von dir wurde uns vorhin zugestanden, daß das Unrechttun häßlicher sei als das Unrechtleiden?

Polos: Ja.

Sokrates: Jetzt stellt es sich daher als ein größeres Übel dar.

Polos: So scheints.

Sokrates: Würdest du nun das größere Übel und das häßlichere dem geringeren vorziehen? Antworte unbedenklich, mein Polos – denn es wird dir nichts schaden –, sondern gib dich der Untersuchung hin wie einem Arzte und antworte mit Ja oder Nein auf meine Frage!

Polos: Nein denn, Sokrates.

Sokrates: Oder sonst wohl ein Mensch?

Polos: Ich glaube nicht; nach dieser Untersuchung wenigstens.

Sokrates: Also hatte ich recht zu behaupten, daß weder ich noch du noch sonst ein Mensch das Unrechttun dem Unrechtleiden vorziehen würde. Denn es ist ja ein größeres Übel.

Polos: Offenbar.

Sokrates: Du siehst nun, lieber Polos, wenn man den einen Beweis mit dem anderen vergleicht, daß sie nicht ähnlich sind; sondern dir stimmen alle bei außer mir, mir aber genügt einzig und allein dein Zugeständnis und Zeugnis, und ich lasse dich allein abstimmen, um die anderen aber kümmere ich mich nicht. Nun, dieser Punkt mag denn abgetan sein. – Hiernach laß uns den zweiten Punkt unseres Streites betrachten, ob das größte Übel ist, wenn man für das Unrecht, das man tut, Strafe erleidet, wie du meintest, oder ob es ein größeres Übel ist, keine Strafe zu erhalten, wie ich meinte. Laß uns das folgendermaßen bedenken: Verstehst du dasselbe unter »Strafe erleiden« und »mit Recht gezüchtigt werden«, wenn man Unrecht tut?

Polos: Ja.

Sokrates: Kannst du nun behaupten, daß nicht alles Gerechte schön ist, sofern es gerecht ist? Überlege es genau und sprich dann!

Polos: Ja, ich denke, lieber Sokrates.

Sokrates: Überlege denn auch folgendes: Wenn jemand etwas tut, muß dann nicht auch ein Gegenstand dasein, der von der tätigen Person etwas erleidet?

Polos: Ich denke wohl.

Sokrates: Nämlich das erleidet, was das tätige Subjekt tut, und in der Weise, wie es die Tätigkeit übt? Ich meine z.B.: wenn jemand schlägt, muß doch etwas geschlagen werden?

Polos: Notwendig.

Sokrates: Und wenn der Schlagende hart schlägt oder schnell, so muß auch das geschlagene Objekt in dieser Weise geschlagen werden?

Polos: Ja.

342 *Sokrates:* Das Leiden ist für den Geschlagenen also der Art, wie es das schlagende Subjekt macht?

Polos: Jawohl.

Sokrates: Nicht wahr, wenn jemand brennt, muß auch etwas gebrannt werden?

Polos: Natürlich.

Sokrates: Und wenn er stark brennt oder schmerzhaft, muß auch der gebrannte Gegenstand so gebrannt werden, wie das brennende Subjekt brennt?

Polos: Jawohl.

Sokrates: Und wenn jemand schneidet, gilt dasselbe? Denn es wird etwas geschnitten?

Polos: Ja.

Sokrates: Und wenn der Schnitt groß oder tief oder schmerzhaft ist, so trifft ein so bestimmter Schnitt den geschnittenen Gegenstand, wie ihn das Schneidende vornimmt?

Polos: Offenbar.

Sokrates: Sieh denn, ob du im allgemeinen einräumst, was ich eben über alles sagte: Wie das tuende Subjekt etwas tut, so muß es das leidende Objekt leiden.

Polos: Ja, das gebe ich zu.

Sokrates: Nach diesen Zugeständnissen gib an, ob das Strafebüßen etwas leiden heißt oder tun?

Polos: Offenbar, lieber Sokrates, leiden.

Sokrates: Nicht wahr, es setzt einen Tuenden voraus?

Polos: Natürlich. Nämlich den Züchtiger.

Sokrates: Wer aber richtig züchtigt, züchtigt gerecht?

Polos: Ja.

Sokrates: Und tut recht, oder nicht?

Polos: Ja, recht.

Sokrates: Wenn nun der Gezüchtigte Strafe büßt, so leidet er also gerecht?

Polos: Offenbar.

Sokrates: Nach unserem. Zugeständnis ist doch das Gerechte schön?

Polos: Jawohl.

Sokrates: Von ihnen tut also der eine Schönes, der andere leidet es, der Gezüchtigte nämlich.

Polos: Ja.

Sokrates: Nicht wahr, wenn Schönes, auch Gutes? Denn entweder ist's angenehm oder nützlich. 343

Polos: Notwendig.

Sokrates: Also erleidet der, welcher eine Strafe büßt. Gutes.

Polos: So scheint es.

Sokrates: Er hat also Nutzen davon.

Polos: Ja.

Sokrates: Den Nutzen etwa, den ich im Sinne habe? Wird die Seele besser, wenn sie mit Recht gezüchtigt wird?

Polos: Wahrscheinlich.

Sokrates: Wer Strafe büßt, wird also von einer Schlechtigkeit der Seele befreit?

Polos: Ja.

Sokrates: Etwa von dem größten Übel frei? Erwäge das so: Siehst du im Vermögenszustand eines Menschen eine andere Schlechtigkeit als Armut?

Polos: Nein, nur Armut.

Sokrates: Ferner im Leibeszustand: Würdest du als Schlechtigkeit bezeichnen Schwäche, Krankheit, Häßlichkeit und dergleichen?

Polos: Jawohl.

Sokrates: Gibt es wohl nicht auch in der Seele eine Schlechtigkeit?

Polos: Ei freilich.

Sokrates: Verstehst du nicht darunter Ungerechtigkeit, Unwissenheit, Feigheit und ähnliches?

Polos: Jawohl.

Sokrates: Also für drei. Vermögen, Leib und Seele, hast du dreierlei Schlechtigkeiten, Armut, Krankheit, Ungerechtigkeit, angeführt?

Polos: Ja.

Sokrates: Welche dieser Schlechtigkeiten ist die häßlichste? Nicht die Ungerechtigkeit und überhaupt die Schlechtigkeit der Seele?

Polos: Jawohl.

Sokrates: Wenn nun die häßlichste, dann auch die schlechteste?

Polos: Wie meinst du das, lieber Sokrates?

344   *Sokrates:* So: Immer hat das Häßlichste den größten Schmerz oder Schaden oder beides im Gefolge und ist darum nach den früheren Zugeständnissen das Häßlichste.

Polos: Allerdings.

Sakrales: Das Häßlichste ist doch nach unserem jetzigen Zugeständnis Ungerechtigkeit und jede Art der Schlechtigkeit der Seele.

Polos: Jawohl.

Sokrates: So ist sie also am schmerzlichsten und am meisten mit Schmerz verbunden oder mit Schaden oder beides und darum das Häßlichste?

Polos: Notwendig.

Sokrates: Ist nun ungerecht, zügellos, feige und unwissend sein schmerzlicher als Armut und Krankheit?

Polos: Hiernach nicht, lieber Sokrates, denke ich.

Sokrates: Also durch einen ungemein großen Schaden und erstaunlich großes Übel übertrifft die Schlechtigkeit der Seele das übrige und ist das Allerhäßlichste, da sie durch Schmerzhaftigkeit nach deinem Urteil nicht hervorragt.

Polos: Offenbar.

Sokrates: In der Tat, was mit dem höchsten Schaden verbunden ist, mag doch wohl das größte Übel auf der Welt sein.

Polos: Ja.

Sokrates: Die Ungerechtigkeit also und Zügellosigkeit und die sonstige Schlechtigkeit der Seele ist das größte Übel der Welt?

Polos: Offenbar.

Sokrates: Welche Kunst macht nun frei von Armut? Nicht die des Gelderwerbs?

Polos: Ja.

Sokrates: Welche von Krankheit? Nicht die Heilkunst?

Polos: Notwendig.

Sokrates: Welche von Schlechtigkeit und Ungerechtigkeit? Wenn du es sogleich nicht weißt, so erwäge es folgendermaßen: Wohin bringen wir und zu wem die leiblich Kranken?

Polos: Zu den Ärzten, lieber Sokrates.

Sokrates: Wohin die Unrecht Tuenden und zuchtlos Lebenden?

Polos: Zu den Richtern, meinst du?

Sokrates: Nicht um Strafe zu erleiden? 345

Polos: Ja.

Sokrates: Nach dem Maß der Gerechtigkeit züchtigen doch die rechten Züchtiger?

Polos: Offenbar.

Sokrates: Die Erwerbskunst also macht frei von Armut, die Heilkunst von Krankheit, die Rechtspflege von Zuchtlosigkeit und Ungerechtigkeit.

Polos: Offenbar.

Sokrates: Was ist darunter nun am schönsten?

Polos: Worunter, meinst du?

Sokrates: Erwerbskunst, Heilkunst, Rechtspflege.

Polos: Weit voran steht, lieber Sokrates, die Rechtspflege.

Sokrates: Bewirkt sie nun ihrerseits nicht entweder am meisten Lust oder Nutzen, oder beides, wenn sie doch am schönsten ist?

Polos: Ja.

Sokrates: Ist das Geheiltwerden angenehm, und haben die Patienten Freude daran?

Polos: Ich denke, nicht.

Sokrates: Aber es ist nützlich. Nicht wahr?

Polos: Ja.

Sokrates: Denn man wird von einem großen Übel befreit. Daher nützt es, sich dem Schmerz zu unterziehen und gesund zu werden.

Polos: Natürlich.

Sokrates: Wäre das nun in Rücksicht auf den Leib der glücklichste Mensch, der geheilt wird, oder der von vornherein nicht krank ist?

Polos: Offenbar, wer gar nicht krank ist.

Sokrates: Das ist nämlich, wie es scheint, kein rechtes Glück, die Befreiung von einem Übel, sondern von vornherein gar keines zu haben.

Polos: So ist's.

Sokrates: ferner: Wer von zweien mit einem Übel sei es am Leibe oder der Seele Behafteten ist unglücklicher: wer geheilt und von dem Übel frei wird, oder wer gar nicht geheilt wird, während er es doch hat?

346 *Polos:* Mir scheint, wer nicht geheilt wird.

Sokrates: War nicht das Strafeleiden Befreiung vom größten Übel, der Schlechtigkeit?

Polos: Jawohl.

Sokrates: Denn sie macht ja besonnen und gerechter, und das Recht ist eine Heilkunst für die Schlechtigkeit.

Polos: Ja.

Sokrates: Am glücklichsten ist also, wer keine Schlechtigkeit in der Seele hat, denn das ist offenbar das größte Übel.

Polos: Offenbar.

Sokrates: Dann folgt doch der, welcher davon befreit wird?

Polos: So scheint es.

Sokrates: Das ist aber der, welcher mit Wort und Tat gezüchtigt wird und Strafe leidet.

Polos: Ja.

Sokrates: Am schlechtesten also lebt, wer mit Ungerechtigkeit behaftet ist und davon nicht frei wird.

Polos: Offenbar.

Sokrates: Ist das nicht eben der, welcher das größte Unrecht begeht und mit der größten Ungerechtigkeit behaftet ist, es aber dahin gebracht hat, daß er weder mit Wort noch Tat gezüchtigt wird noch Strafe erleidet, ein Zustand, wie du ihn dem Archelaos und den anderen Tyrannen, Rhetoren und Gewalthabern zuschreibst?

Polos: So scheint's.

Sokrates: Diese haben es ja, mein Bester, ungefähr ebensoweit gebracht, wie wenn jemand, mit den schwersten Krankheiten behaftet, es dahin bringt, daß er für die Fehler an seinem Leibe nicht Strafe erhält und nicht geheilt wird, weil er sich wie ein Kind fürchtet vor dem Brennen und Schneiden, weil es weh tut. Oder denkst du nicht auch so?

Polos: Ja.

Sokrates: Er weiß wahrscheinlich nicht, was Gesundheit heißt und Tüchtigkeit des Leibes. So etwas tun denn auch, scheint es nach unseren jetzigen Zugeständnissen, diejenigen, welche der Strafe ausweichen wollen, lieber Polos; sie sehen auch ihre Schmerzhaftigkeit, für ihren Nutzen aber sind sie blind und wissen nicht, wieviel unglücklicheres ist, mit einer ungesunden, ja innerlich faulen, ungerechten und ruchlosen Seele behaftet zu sein als mit einem ungesunden Leibe. Darum bieten sie alles auf, um nur nicht Strafe zu leiden und frei zu werden von dem größten Übel, schaffen sich Vermögen und Freunde und suchen die Kraft der Überredung so sehr als möglich sich anzueignen. Wenn aber unsere Zugeständnisse wahrhaft begründet sind, lieber Polos, merkst du wohl die Ergebnisse unserer Untersuchung? Oder sollen wir sie zusammenstellen?

Polos: Wenn du meinst.

Sokrates: Es ergibt sich doch also, daß die Ungerechtigkeit und das Unrechttun das größte Übel sind.

Polos: Offenbar.

Sokrates: Als Befreiungsmittel von diesem Übel ergab sich jedoch die Strafe?

Polos: Wohl.

Sokrates: Straflosbleiben aber zeigte sich als Beharren in dem Übel?

Polos: Ja.

Sokrates: An Größe das zweite der Übel ist also das Unrechttun. Unrechttun und Straflosbleiben ist aber das allergrößte und erste der Übel.

Polos: Offenbar.

Sokrates: War nicht dies der Gegenstand unseres Streites, mein Lieber, da du den Archelaos glücklich priesest, weil er trotz der größten Verbrechen straflos bleibe; ich aber meinte im Gegenteil, wenn Archelaos oder irgend sonst ein Mensch Unrecht tue und straflos bleibe, so sei dieser weitaus vor den übrigen Menschen unglücklich, und immer sei der Unrechttäter unglücklicher als der Unrechtleidende, und der Nichtbestrafte unglücklicher als der Bestrafte. War das nicht meine Ansicht?

Polos: Ja.

Sokrates: Hat sich nicht ihre Richtigkeit herausgestellt?

Polos: Wohl.

Sokrates: Gut. Wenn demnach das wahr ist. – worin besteht dann der große Nutzen der Rhetorik? Denn nach den eben zugestandenen Säuen muß man sich selbst vor allem hüten, daß man nicht Unrecht tue, weil man sonst Übel genug davontragen würde. Nicht wahr?

Polos: Jawohl.

Sokrates: Wenn man aber gar selbst Unrecht tut oder ein anderer, den man von Herzen liebt, so muß man selbst freiwillig dahin gehen, wo er so rasch als möglich seine Strafe empfangen wird, nämlich zum Richter wie sonst zum Arzte, und muß eilen, daß die Krankheit der Ungerechtigkeit nicht durch die Länge der Zeit in die Seele sich einfresse und sie unheilbar mache. Oder was meinen wir dazu, mein Polos, wenn wir ja an den früher gegebenen Zugeständnissen festhalten? Muß das nicht so mit jenen zusammenstimmen, anders aber geht es nicht?

Polos: Ja, was sollen wir sagen, lieber Sokrates?

Sokrates: Also zur Verteidigung für die Ungerechtigkeit, sei es die eigene oder die der Eltern oder Freunde oder Kinder oder das Unrecht des Vaterlandes, ist uns die Rhetorik nichts nütze, mein Polos, es sei denn, daß man im Gegenteil annähme, man müsse gerade sich zumeist anklagen, dann aber auch seine Verwandten und alle anderen Freunde, wer von ihnen gerade Unrecht tut, und dürfe das nicht bemänteln, sondern müsse das Unrecht an das Tageslicht bringen, damit man Strafe erleide und gesund werde. Und man müsse auch sich selbst und die anderen nötigen, nicht verzagt zu sein, sondern mit geschlossenen Augen, wie zum Schneiden und Brennen an den Arzt, tapfer sich hingeben im Streben nach dem sittlich Guten, ohne Rücksicht auf den Schmerz, und wenn man ein Unrecht begangen hat, das Schläge verdient, müsse man sich zum Schlagen darbieten; wenn Gefängnis, dazu; wenn eine Geldstrafe, sie zahlen; wenn Verbannung, in Verbannung gehen; wenn den Tod, sterben, indem man zuerst sein eigener Ankläger sei und der übrigen Verwandten und dazu die Rhetorik gebraucht, daß die ungerechten Handlungen offenbar werden und sie von dem größten Übel frei werden, nämlich von der Ungerechtigkeit. Sollen wir das bejahen oder nicht, mein Polos?

Polos: Das scheint mir allerdings albern, mein Sokrates; aber für dich stimmt es freilich vielleicht mit den früher aufgestellten Sätzen.

Sokrates: Nicht wahr, entweder muß man auch jene für ungültig erklären, oder – dies sind notwendige Folgen?

Polos: Ja, so steht es damit.

Sokrates: Wenn man aber im Gegenteil umgekehrt jemandem Schaden 349 zufügen muß, sei es einem Feinde oder wem sonst, wofern man nur nicht selbst Unrecht erleidet von dem Feinde – denn davor muß man sich hüten-, wenn aber der Feind einem anderen Unrecht tut, muß man auf jede Weise, durch Wort und Tat, darauf hinarbeiten, daß er keine Strafe erleide und nicht vor den Richter komme. Kommt er aber vor Gericht, so muß man es dahin bringen, daß der Feind glücklich durchkommt und keine Strafe erhält, sondern wenn er viel Geld geraubt hat, daß er das nicht zurückgibt, vielmehr es behalte und für sich und die Seinigen widerrechtlich und gottlos verbrauche; und hat er todeswürdige Verbrechen begangen, daß er nicht den Tod finde, womöglich niemals, sondern unsterblich bleibe in seiner Schändlichkeit, – wo nicht, daß er möglichst lange in dieser Weise fortlebe. Zu solchen Zwecken, lieber Polos, scheint mir die Rhetorik brauchbar. Denn für den, der kein Unrecht begehen will, ist meiner Meinung nach ihr Nutzen nicht groß, wenn sie ja einen Nutzen hat. In der früheren Untersuchung hat sich jedoch keiner herausgestellt.

Kallikles: Sage mir, mein Chairephon, meint das Sokrates im Ernst oder im Scherz?

Chairephon: Ich denke wohl, lieber Kallikles, in tiefem Ernst. Doch das beste ist, ihn selbst zu fragen.

Kallikles: Bei den Göttern, ich bin sehr begierig. Sage mir, Sokrates, ob du jetzt wohl im Ernst sprichst oder scherzest? Denn wenn du es ernstlich meinst und das, was du sagst, wahr ist, – nicht wahr, dann wäre unser menschliches Leben ganz verkehrt, und wir tun, scheint es, ganz das Gegenteil von dem, was wir tun sollten?

Sokrates: Lieber Kallikles, wenn nicht die Menschen einen Zustand gemein hätten, der sich nur bei dem einen so, bei dem ändern anders
äußert, wenn vielmehr jemand von uns einen ganz eigentümlichen,
von dem der anderen ganz verschiedenen Zustand hätte, so wäre es
nicht leicht, dem anderen den seinigen klarzumachen. Dabei denke
ich daran, daß du und ich jetzt ungefähr in demselben Zustand sind,
da wir beide verliebt sind, und jeder zwiefach, ich in des Kleinias
Sohn Alkibiades und die Philosophie, du aber in den *Demos* (das
Volk) der Athener und den Demos des Pyrilampes. Nun bemerke ich

jedesmal, ein so tüchtiger Redner du auch sonst bist, daß du auf alles,
was dein Liebling sagt, und wie es nach dessen Meinung sein soll,
nichts zu entgegnen vermagst, sondern dich geradezu umkehren läßt.
Wenn du in der Volksversammlung redest, und das Volk der Athener
spricht eine andere Meinung aus, so wendest du dich und sprichst,
was jenes will, und in ähnlicher Weise geht es dir auch dem jungen
Sohn des Pyrilampes da gegenüber. Denn den Plänen und Reden
deiner Lieblinge vermagst du nicht entgegenzutreten. Wenn sich daher
jemand über deine Reden wundern sollte, die du immer von diesen
veranlaßt vorbringst, daß sie ungereimt sind, so würdest du vielleicht
sagen, wenn du die Wahrheit sagen wolltest: wenn man nicht deinen
Liebling von diesen Reden abbringe, werdest du auch nie von ihnen
ablassen. Denke denn auch von mir in anderer Weise so etwas hören
zu müssen und wundere dich nicht über meine Reden, sondern
bringe meinen Liebling, die Philosophie, davon ab! Denn, mein lieber
Freund, sie spricht immer, was du jetzt von mir hörst, und ist viel
weniger wankelmütig als die anderen Lieblinge. Denn der Sohn des
Kleinias hier spricht bald so, bald so, die Philosophie aber immer
dasselbe. Sie spricht aber das, was dich jetzt befremdet, und du warst
doch selbst auch bei der Untersuchung zugegen. Entweder überzeuge
nun jene, wie ich eben sagte, daß nicht das Unrechttun und Straflo-
sigkeit für das Unrechttun das allerschlimmste Übel ist, oder, wenn
du das unwiderlegt lassen willst, – beim Hunde, dem Gotte der
Ägypter, so wird Kallikles nicht mit dir übereinstimmen, lieber Kallikles, sondern in deinem ganzen Leben mit dir im Zwiespalt sein. Und
doch, denke ich, mein Bester, ist es besser, meine Leier ist verstimmt
und gibt Mißtöne, und ein Chor, den ich anführe, und die meisten
Menschen stimmten nicht mit mir, sondern widersprächen mir, als

daß ich einzig und allein mit mir selbst nicht in Harmonie wäre und mir widerspräche.

Kallikles: Lieber Sokrates, du treibst doch rechten Mutwillen, gerade wie ein Volksredner. Auch jetzt machst du es so, indem dem Polos gerade dasselbe widerfuhr, dessen er den. Gorgias dir gegenüber anklagte. Denn er sagte doch, als du Gorgias gefragt hättest, wenn jemand zu ihm käme, um die Rhetorik zu erlernen, ohne das Recht zu verstehen, ob ihn Gorgias das lehren werde, – da habe jener sich geschämt und es bejaht, wegen der Gewohnheit der Menschen, es übel aufzunehmen, wenn man das verneint. Durch dies Zugeständnis sei er gezwungen worden, sich selbst zu widersprechen. Du aber habest gerade daran deine Freude. Und damals machte er, wie mir dünkte, dich mit Recht lächerlich. Jetzt aber ist es ihm gerade so ergangen, und ich bin eben darin nicht zufrieden mit Polos, daß er dir zugestanden hat, das Unrechttun sei häßlicher als das Unrechtleiden. Denn infolge dieses Zugeständnisses wurde er selbst von dir in seinen Worten festgesetzt und zum Schweigen gebracht, weil er sich scheute, seine eigentliche Meinung herauszusagen. Denn unter dem Vorwande, der Wahrheit nachzugehen, bringst du in der Tat die Rede auf solche verfängliche, auf das Volk berechnete Fragen, was nämlich der Natur nach nicht schön ist, wohl aber dem Gesetze nach. Meistenteils jedoch steht das mit einander im Widerspruch, Natur und Gesetz. Wenn nun jemand schüchtern ist und nicht den Mut hat, seine Herzensmeinung auszusprechen, so wird er in Widerspruch mit sich hineingenötigt. Dies Kunststück hast auch du abgemerkt und weißt damit in der Unterredung zu schaden, indem du unvermerkt deine Frage nach der Natur richtest, wenn jemand nach dem Gesetze meint, und bringt er die Sätze der Natur vor, so fragst du nach denen des Gesetzes. Sogleich in diesen Fragen über Unrechttun und Unrechtleiden beliebtest du das Gesetz nach der Natur zu verfolgen, während Polos das dem Gesetze nach Häßlichere meinte. Denn nach der Natur ist alles häßlicher, was auch schlechter ist, nämlich das Unrechtleiden, nach dem Gesetz aber das Unrechttun. Denn das Unrechtleiden ist nicht der eines Mannes würdige Zustand, sondern eines Sklaven, für den der Tod besser ist als das Leben, weil er nicht imstande ist, wenn er beleidigt oder gemißhandelt wird, sich selbst zu helfen oder sonst jemandem, den er gern hat. Die Gesetzgeber aber sind, denke ich, die schwächlichen Menschen und die große Masse! In Rücksicht auf sich und ihren eigenen Vorteil geben sie die Gesetze, sprechen sie Lob und Tadel aus. Sie wollen die stärkeren Menschen, welche die Kraft haben, sich Vorteil anzumaßen, einschüchtern, damit sie es nicht ihnen gegenüber tun, und sagen deshalb, es sei häßlich und ungerecht, sich Vorteile anzumaßen, und das versteht man unter Unrechttun, sich Vorteile vor dem ändern anzumaßen suchen. Denn sie sind, denke ich, zufrieden, weil sie schwächer sind, wenn sie nur den gleichen Teil behalten. Daher also wird dies durch das Gesetz als ungerecht und häßlich bezeichnet: das Streben, mehr zu haben als die meisten; und dieses nennt man Unrechttun. Die Natur selbst aber beweist, daß es gerecht ist, daß der Stärkere mehr habe als der Schwächere und der Fähige mehr als der Unfähige. Unter vielen anderen Beweisen hierfür zeigt sie unter den Tieren überhaupt und unter den Menschen in ganzen Staaten und Geschlechtern; daß das anerkanntes Recht ist, daß der Stärkere über den Schwächeren herrsche und mehr habe als jener. Denn mit welchem Rechte ist denn Xerxes gegen Hellas zu Feld gezogen? Oder sein Vater gegen die Skythen? Oder tausend andere Tatsachen der Art könnte man anführen. Aber ich denke, diese handeln nach der Natur und, beim Zeus, nach dem Gesetz der Natur, freilich nicht nach dem, das wir willkürlich aufstellen. Die Besten und Stärksten aus unserer Mitte nehmen wir von Jugend an her und suchen sie wie Löwen durch Sprüche und Zaubermittel untertänig zu machen und sagen ihnen, Gleichberechtigung müsse sein, und darin bestehe das Schöne und Gerechte. Wenn aber, glaube ich, ein Mann kommt mit einer hinreichend starken Natur, der schüttelt das alles ab, durchbricht die Fesseln mit Erfolg, tritt unsere Satzungen, Zaubersprüche und Formeln und alle die widernatürlichen Gesetze zu Boden, und er, der unser Sklave war, tritt offen als unser Herr auf, und da zeigt sich das Recht der Natur in glänzendem Lichte. Was ich da sage, scheint mir auch Pindaros in dem Liede anzudeuten, in welchem er sagt:

Das Gesetz, das König ist aller,
Der Menschen und Götter zugleich;

und eben davon sagt er:

Es führt herbei heiligend alle Gewalt
Mit mächtiger Hand; redend bezeug' ich es,
Was Herakles tat, denn...
... ungekauft.

So ungefähr sagt er, denn ich weiß das Lied nicht wörtlich. Er sagt, er habe die Rinder des Geryones weggetrieben, ohne sie zu kaufen 353 und ohne daß dieser sie ihm schenkte, weil das Recht von Natur sei, und Rinder und aller Besitz der Schlechteren und Schwächeren gehöre dem Besseren und Stärkeren. So steht es in Wahrheit, und das wirst du erkennen, wenn du der Philosophie jetzt absagen willst und dich höheren Dingen zuwendest. Die Philosophie, lieber Sokrates, ist ja ganz nett, wenn man sie mit Maß treibt in jungen Jahren. Wenn man aber weiter sich hinein vertieft, als nötig ist, ist sie das Verderben der Menschen. Denn wenn jemand eine edle Natur hat und philosophiert noch über die rechte Altersstufe hinaus, so muß er notwendig mit allem unbekannt bleiben, was der zukünftige tüchtige und angesehene Mann kennen muß. Denn sie bleiben unbekannt mit den Staatsverhältnissen, mit den Mitteln der Rede, die man im öffentlichen und privaten Verkehr mit Menschen anwenden muß, mit den menschlichen Neigungen und Leidenschaften, und überhaupt durchaus unbekannt mit der Denk- und Lebensweise der Menschen. Wenn sie nun ein eigenes oder ein Staatsgeschäft vornehmen sollen, machen sie sich lächerlich, wie, denke ich, andererseits auch die Staatsmänner, wenn sie sich euren Beschäftigungen und Unterhaltungen zuwenden, sich auch lächerlich machen. Denn da trifft das Wort des Euripides ein: Jeder leuchtet darin hervor

Und lenkt fein Streben nur darauf
Und müht sich ab des Tages größten Teil darum,
Daß er der Allerbeste sei in seinem Fach.

Worin er aber schlecht ist, das meidet er und schmäht er; das andere aber lobt er aus Selbstliebe, weil er darin sich selbst zu loben glaubt. Das beste aber ist wohl, an beiden seinen Teil zu haben. Der Philosophie so weit mächtig zu sein, als zur Bildung gehört, ist schön, und einem jungen Menschen steht das Philosophieren nicht schlecht. Wenn aber der Mensch schon älter ist und noch philosophiert, so wird, mein Sokrates, die Sache lächerlich, und mir geht es den Philosophierenden gegenüber ganz ähnlich wie mit den Stammelnden und Possentreibenden: Denn wenn ich ein Kind sehe, für das es noch schicklich ist, so zu reden, zu stammeln und Possen zu machen, so habe ich es gern, und es scheint mir nett, natürlich und dem Alter des Kindes angemessen. Wenn ich aber ein kleines Kind alle Silben deutlich aussprechen höre, so kommt mir die Sache anstößig vor, es beleidigt meine Ohren und kommt mir vor wie etwas Knechtisches. Wenn man aber gar einen Mann stammeln hört oder Possen treiben sieht, so sieht das lächerlich und unmännlich aus und verdient Schläge. Geradeso geht es mir den Philosophierenden gegenüber: Wenn ich bei einem heranwachsenden Jüngling Neigung zur Philosophie sehe, so habe ich es gern und halte es für passend, und den Menschen halte ich für edeldenkend: ja, wer gar keine Philosophie treibt, der gilt mir für unedel und für einen, der sich selbst weder je eines schönen noch edlen Zieles würdig halten werde. Wenn ich aber gar einen älteren Menschen noch philosophieren sehe, der sich nicht davon losreißen kann, – der Mensch verdient, lieber Sokrates, nach meiner Ansicht Schläge. Denn, wie ich eben sagte, die Folge ist, daß dieser Mensch, wenn er auch gute Anlagen hat, unmännlich wird, die Sammelplätze des Staatslebens und die Märkte meidet, wo, wie der Dichter sagt, die Männer trefflich sich erweisen; er aber verkriecht sich und muß seine ganze Zukunft mit drei oder vier halbwüchsigen Jünglingen in einem Winkel flüsternd verleben: ein freies, lautes und eindringendes Wort aber kann er nie von sich geben. Ich aber, mein Sokrates, meine es mit dir in hohem Grade freundlich. Nun aber geht es mir etwa gerade wie dem Zethos bei Euripides gegenüber dem Amphion, an den ich gerade dachte. Denn mich drängt es, ungefähr Ähnliches zu dir zu sagen, wie jener zu seinem Bruder sagt. Du gibst dir keine Mühe, lieber Sokrates, um das, was du eifrig treiben solltest, und willst der *Seele so hochedler Natur durch ein knabenhaft Gebaren Ansehn feien,* und du vermöchtest weder *in des Rechtes Rot die Rede richtig vorzubringen,* noch treffend und glaubhaft dich auszusprechen, noch für einen anderen einen *ritterlichen Entschluß zufassen.* Und doch, lieber Sokrates, – werde mir nicht böse; denn ich sage es nur aus Wohlmeinen zu dir, – ist es wohl nicht schimpflich, wenn es so steht, wie mit dir nach meiner Meinung und mit den anderen, die immer die Philosophie zu weit treiben? Denn wenn dich jetzt einer faßte oder irgend einen anderen deiner Art, und dich ins Gefängnis schleppte und behauptete, du seist schuldig, ohne daß du es bist, weißt du, daß du nichts anzufangen wüßtest, sondern würdest schwindlig und sperrtest den Mund auf, ohne etwas sagen zu können, und wenn du vor Gericht dich stelltest und hättest einen recht schlimmen und durchtriebenen Ankläger, so müßtest du sterben, wenn er dich des Todes schuldig erklären wollte. Und wie doch? Heißt das weise, mein Sokrates, *wenn einen Kunst zum schlechtren Manne machte, den sie wohlbegabt empfing,* so daß er sich selbst nicht zu helfen vermag und weder sich noch sonst jemand aus den größten Gefahren zu erretten, vielmehr von seinen Feinden all sein Vermögen plündern lassen und durchaus ungeehrt in dem Staate leben muß? So einen Menschen kann man, wenn der Ausdruck auch etwas plump klingt, straflos auf die Backe schlagen. Nein, mein Guter, folge mir, laß ab von dem Widerlegen, betritt *der Staatsgeschäfte Ehrenbahn* und übe, wodurch *der Klugheit Ruhm* dir wird, und laß den ändern dies gelehrte, soll ich sagen Geplapper oder Narrenzeug, *wovon ins Haus nichts kommen wird, das du bewohnest,* und eifre nicht den Männern nach, die diese Kleinigkeiten zu widerlegen trachten, sondern denen, welche Reichtum, Ehre und viele andre Güter genießen.

Sokrates: Wenn ich etwa eine goldne Seele hätte, lieber Kallikles, sollte ich mich nicht freuen, wenn ich einen von den Steinen fände, womit man das Gold prüft, und zwar den besten, an den ich sie nur zu bringen brauchte, um genau zu erfahren, daß es richtig mit mir steht und daß ich keines anderen Prüfsteins bedarf, wenn jener mir versicherte, daß meine Seele richtig gebildet sei?

Kallikles: Wozu denn diese Frage, Sokrates?

Sokrates: Das will ich dir eben sagen. Ich denke nämlich, in dir einen solchen Fund gemacht zu haben.

Kallikles: Wieso?

Sokrates: Ich bin überzeugt, wenn du den Ansichten beistimmst, die meine Seele hegt, daß sie dann die Wahrheit selbst sind. Denn ich denke, wer ordentlich prüfen soll, ob die Seele richtig lebt oder nicht, der muß dreierlei Vorzüge in sich vereinigen, die du alle hast: Einsicht, Wohlwollen und Freimut. Denn ich treffe auf viele, die nicht imstande sind, mich zu prüfen, weil sie nicht weise sind wie du. Andere sind wohl weise; aber sie wollen mir die Wahrheit nicht sagen, weil sie kein Interesse für mich haben, wie du. Diese beiden Fremden aber,

Gorgias und Polos, sind weise und mir befreundet; es fehlt ihnen jedoch an Freimut, und sie sind zu verschämt, mehr als sich gebührt; wie sollten sie auch nicht? Haben sie doch das Schämen so weit getrieben, daß aus Scham jeder von ihnen in Gegenwart vieler Menschen sich selber geradezu zu widersprechen wagt, und zwar in höchst wichtigen Lebensfragen. Du aber hast das alles, was die anderen nicht haben: Denn du besitzt hinlängliche Bildung, wie viele Athener sagen würden, und bist wohlwollend gegen mich gesinnt. Auf welchen Beweis Stütze ich mich dabei? Das will ich dir sagen: Ich weiß, lieber Kallikles, daß ihr vier, du, Tisandros aus Aphidnai, Andren, der Sohn des Androtion, und Nausikydes aus Cholargos, in dem Streben nach Weisheit euch verbündet habt. Einmal habe ich zugehört, wie ihr euch berietet, bis zu welchem Punkte man die Weisheit üben müsse, und ich weiß, daß unter euch ungefähr diese Meinung durchdrang, man dürfe in dem Philosophieren nicht bis auf den Grund kommen wollen, sondern ihr rietet einander, acht zu haben, daß ihr nicht über das Maß weise würdet und darüber unvermerkt zugrunde ginget. Da ich nun denselben Rat von dir höre, den du deinen liebsten Freunden gabst, so ist mir das hinlänglich Beweis, daß du es in Wahrheit gut mit mir meinst. Und daß du der Mann bist, freimütig zu reden ohne Scheu, sagst du selbst, und deine Rede, was du kurz vorher sprachst, stimmt dazu. So steht es jetzt offenbar hiermit. Wenn du nun in der Untersuchung in einem Punkte mit mir übereinstimmst, so wird der schon hinlänglich von dir und mir geprüft sein, und man braucht ihn nicht mehr an einen anderen Prüfstein heranzubringen. Denn du wirst weder aus Mangel an Weisheit noch aus übergroßer Schüchternheit ein Zugeständnis machen. Andererseits würdest du es auch nicht tun, um mich zu täuschen. Denn du bist mein Freund, wie du auch selbst sagst. In Wahrheit also wird deine und meine Übereinstimmung die volle Wahrheit erreichen. Ganz vortrefflich aber, lieber Kallikles, ist die Untersuchung über die Punkte, die du eben mir zum Vorwurf machtest, wie der Mensch sein und was er treiben muß und wie weit im Alter und in der Jugend. Denn wenn ich in meiner Lebensweise etwas nicht recht mache, so wisse, daß ich nicht mit Absicht fehle, sondern aus Unwissenheit. Wie du nun anfingst, mich zu warnen, so lasse nun nicht ab, sondern zeige mir ordentlich, was ich eigentlich treiben muß, und auf welche Weise ich es erlangen könne! Wenn du nun findest, daß ich jetzt mir dir übereinstimme und in späterer Zeit nicht nach dem tue, was ich zugestanden habe, so halte mich nur für einen Tropf und warne mich nie mehr in der Zukunft, als dessen unwürdig! Wiederhole mir aber die Sache von vorn: Wie soll es um das Recht nach der Natur stehn nach Deiner und des Pindaros Meinung? Daß der Stärkere mit Gewalt den Besitz der Schwächeren an sich reiße und der Bessere über die Schlechteren herrsche und der Edlere im Vorteil sei vor dem Gemeineren? Soll das nicht das Recht sein? Oder habe ich es richtig wiedergegeben?

Kallikles: Ja, das sagte ich damals und sage es auch jetzt.

Sokrates: Nennst du denselben besser und stärker? Denn damals war ich nicht imstande, deine eigentliche Meinung zu erkennen. Nennst du die Mächtigeren stärker, und müssen die Schwächeren dem Stärkeren gehorchen? So etwas, denke ich, deutetest du auch damals an, als du sagtest, die großen Staaten gingen gegen die kleinen nach dem Rechte der Natur, weil sie stärker seien und mächtiger, in der Voraussetzung, daß »stärker«, »mächtiger« und »besser« identisch sind. Oder kann man besser sein und doch schwächer und ohnmächtiger; und stärker, aber schlechter? Oder haben »besser« und »stärker« dieselben Grenzen? Eben darüber gib eine genaue Bestimmung, ob »stärker«, »besser« und »mächtiger« identisch sind oder verschieden?

Kallikles: Nun, ich sage dir entschieden, sie sind identisch.

Sokrates: Ist nicht die Menge von Natur stärker als der Einzelne? Und sie geben ja gerade die Gesetze für den Einzelnen, wie du eben auch behauptetest.

Kallikles: Natürlich.

Sokrates: Bestimmungen der Menge sind also Bestimmungen der Stärkeren?

Kallikles: Jawohl.

Sokrates: Nicht auch der Besseren? Denn die Stärkeren sind bei weitem besser nach deiner Behauptung.

Kallikles: Ja.

Sokrates: Sind also nicht die Gesetze dieser von Natur schön, da sie ja die Stärkeren sind?

Kallikles: Ja.

Sokrates: Ist nun das die Annahme der Menge, wie du eben auch sagtest. Recht sei die Gleichheit, und das Unrechttun sei häßlicher als das Unrechtleiden? Ja oder nein? Laß dich hierbei ja nicht verschämt erfinden! Meint die Menge, die Gleichheit des Besitzes und nicht die

Bevorzugung Einzelner sei gerecht, und das Unrechttun sei häßlicher als das Unrechtleiden, oder nicht? Mißgönne mir die Antwort nicht, Kallikles, damit ich mit deiner Zustimmung von dir jetzt dessen sicher werde, weil mir dann ein Mann zugestimmt hat, der zum entscheidenden Urteil befähigt ist!

Kallikles: Ja, das ist die Ansicht der Menge.

Sokrates: Also ist das Unrechttun nicht nur nach dem Gesetze häßlicher als das Unrechtleiden, noch die Gleichheit des Besitzes nach dem Gesetze gerecht, sondern auch von Natur. Daher ist, scheint es, in deiner frühem Behauptung unwahr und machst du mir mit Unrecht einen Vorwurf, wenn du behauptest, Gesetz und Natur bildeten einen Gegensatz, und das wüßte ich auch recht gut, suchte aber damit in der Unterredung dem Gegner zu schaden, indem ich ihn auf das Gesetz verweise, wenn er nach der Natur meint, und wenn er nach dem Gesetz meint, auf die Natur.

Kallikles: Dieser Mann will seine Narrheiten nicht lassen. Sage mir, Sokrates, schämst du dich nicht, so alt du bist, auf Worte Jagd zu machen und, wenn jemand im Ausdruck fehlgreift, einen großen Fund daraus zu machen? Meinst du denn, ich halte »stärker sein« für etwas anderes als »besser sein«? Sage ich dir nicht schon lange, daß ich »besser« und »stärker« für identisch halte? Oder meinst du, ich halte eben das für Gesetze, wenn sich ein Haufe von Sklaven zusammentut und von allerlei nichtswürdigem Volk, die nur körperliche Kraft besitzen, und diese machen eine Bestimmung?

Sokrates: Gut, mein hochweiser Kallikles, so meinst du?

Kallikles: Jawohl.

Sokrates: Nun, mein Trefflicher, ich vermute selbst schon längst, daß du »stärker« ungefähr so bestimmst, und frage dich darum wieder, weil ich deine Meinung gern genau erfahren möchte. Denn natürlich hältst du nicht zwei für besser als einen, noch deine Sklaven für besser als dich selbst, weil sie mehr Kraft haben als du. Nun sage mir von neuem: Wie bestimmst du die Besseren, da du sie nicht als die körperlich Kräftigen gelten läßt? Doch behandle mich sanfter, du Bewundernswürdiger, damit ich dir nicht aus der Schule laufe!

Kallikles: Du hast mich zum besten, lieber Sokrates!

Sokrates: Nein, beim Zethos, lieber Kallikles, auf den du dich beriefst, als du mich eben stark zum besten hieltest. Nun wohlan, sage: Was verstehst du unter den Besseren?

Kallikles: Die Edleren.

Sokrates: Siehst du, nun machst du selbst nur Worte, ohne eine Erklä-
rung zu geben. Willst du nicht sagen, ob du die Verständigeren darunter verstehst, oder andere?

Kallikles: Ja, beim Zeus, gerade die meine ich ja.

Sokrates: Oft ist also ein Verständiger nach deiner Annahme stärker als
Tausende von Unverständigen, und der muß herrschen, jene unterta-
nig sein, und der Herrscher muß vor dem Beherrschten etwas voraus
haben. Dies scheinst du mir sagen zu wollen – ich mache keine Jagd
auf Worte –, wenn der Eine stärker ist als Tausende.

Kallikles: Ja, das ist meine Meinung. Denn das ist, denke ich, das Recht
von Natur, daß der Bessere und Verständigere über die Schlechteren
herrsche und vor ihnen im Vorteil sei.

Sokrates: Nun halt einmal: Wie meinst du es eigentlich jetzt wieder?
Wenn sich, wie jetzt, an einem Orte unser viele zusammen befänden,
und es wären für uns gemeinschaftlich viele Speisen und Getränke
da, wir aber wären von verschiedener Art, die einen kräftig von
Körper, andere schwach, einer aber unter uns verstände sich darauf
als Arzt am besten, wäre aber, wie es so kommt, kräftiger als die einen,
schwächer als die anderen, – nicht wahr, dann wird dieser in bezug
hierauf besser und stärker sein als wir, weil er mehr davon versteht?

Kallikles: Jawohl.

Sokrates: Soll er nun von diesen Speisen mehr bekommen als wir, weil
er besser ist, oder soll er, weil er hier zu herrschen hat, alles austeilen,
im Verwenden aber der Speisen und im Verbrauche für den eigenen
Leib nichts voraus haben, wenn es ihm nicht übel bekommen soll,
sondern mehr als einige, weniger als andere? Wäre er aber zufällig
der Allerschwächste, so gebührt ihm, dem Besten, am wenigsten, lieber
Kallikles. Nicht so, mein Guter?

Kallikles: Von Speisen sprichst du, Getränken, Ärzten und dummem
Zeug. Davon rede ich nicht.

Sokrates: Erklärst du denn den Verständigeren für besser? Ja oder nein?

Kallikles: Ja.

Sokrates: Aber soll nicht der Bessere mehr bekommen?

Kallikles: Von Speisen und Getränken freilich nein.

Sokrates: Ich verstehe; aber vielleicht von Gewändern, und der beste
Weber muß den größten Mantel bekommen und in den meisten und
schönsten Kleidern einhergehen.

360

Kallikles: Ach was Gewänder!

Sokrates: Oder an Schuhen muß der etwas voraus haben, der sich darauf am besten versteht und der Beste ist. Der Schuhmacher muß wohl in den größten und meisten Schuhen herumwandeln.

Kallikles: Ach was Schuhe! Lauter Unsinn sprichst du!

Sokrates: Nun, wenn du so etwas nicht meinst, so vielleicht so etwas: Ein Landwirt z.B., der sich auf das Land versteht und in diesem Fach tüchtig ist, muß vielleicht mehr Samen haben und für sein Land den meisten Samen verbrauchen.

Kallikles: Wie du doch immer dasselbe wiederholst, Sokrates!

Sokrates: Nicht nur das, lieber Kallikles, sondern auch in bezug auf dieselbe Sache.

Kallikles: Bei den Göttern, du redest immer in einem fort von Schustern, Walkern, Köchen und Ärzten, als ob davon die Rede wäre.

Sokrates: Willst du nicht angeben, wovon der Stärkere und Verständigere mehr bekommen soll, um es mit Recht zu haben? Oder wirst du weder mich es vorschlagen lassen, noch es selbst angeben?

Kallikles: Nun, ich sage es schon lange. Unter den Stärkeren zunächst verstehe ich nicht Schuster und Köche, sondern die, welche sich auf die Leitung des Staates verstehen und wissen, wie er am besten verwaltet wird, und die nicht nur verständig sind, sondern auch tapfer und imstande, den Gedanken auszuführen, den sie gefaßt haben, und die nicht aus Weichlichkeit der Seele ermatten.

Sokrates: Siehst du, mein bester Kallikles, daß du mir nicht dieselben Vorwürfe machst, die ich dir zu machen habe? Denn du behauptest, ich wiederhole immer ein und dasselbe, und machst mir das zum Vorwurf; ich aber werfe dir gerade umgekehrt vor, daß du nie dasselbe über dieselben Dinge vorbringst, sondern die Besten und Stärksten zuerst als die körperlich Kräftigsten bestimmtest, ein andermal aber als die Verständigsten, jetzt aber wieder mit einer anderen Meinung kommst. Tapferer sollen nach dir die Stärkeren und Besseren sein. Aber, mein Guter, mache, daß du es endgültig sagst, wen du eigentlich unter den Besseren und Stärkeren verstehst und in welcher Hinsicht?

Kallikles: Nun, ich habe es ja gesagt: die, welche sich auf die Leitung des Staates verstehen und tapfer sind. Denn diesen kommt es zu, über den Staat zu herrschen, und das heißt Recht, daß sie mehr haben als die anderen, nämlich die Herrschenden mehr als die Beherrschten.

Sokrates: Wie aber ist's mit ihnen selbst, mein Freund: herrschen sie oder werden sie beherrscht?

Kallikles: Wie meinst du?

Sokrates: Ich meine, jeder einzelne herrsche über sich selbst. Oder ist das nicht nötig, Herrschaft über sich selbst, sondern nur über andere?

Kallikles: Wie meinst du »Herrschaft über sich selbst«?

Sokrates: Nichts Merkwürdiges, sondern wie man es gewöhnlich nimmt: einen, der besonnen ist und sich selbst im Zaume hält und die Lüste und Begierden in sich beherrscht!

Kallikles: Wie lieb du bist! Die Einfältigen nennst du die Besonnenen!

Sokrates: Wieso? Das kann jeder einsehn, daß ich das nicht meine.

Kallikles: O gewiß, mein Sokrates. Wie könnte denn ein Mensch glücklich werden, wenn er irgend jemandes Sklave ist? Nein, das ist das Schöne und Rechte von Natur, das ich dir jetzt frei und offen bekenne, daß derjenige, welcher richtig leben will, seine eigenen Begierden so groß als möglich werden lassen muß, ohne sie im Zaum zu halten; wenn sie aber recht groß sind, dann muß er imstande sein, ihnen zu fröhnen durch Tapferkeit und Einsicht und die Begierde zu befriedigen, worauf sie sich auch jedesmal richten mag. Aber das können, denke ich, die meisten nicht. Daher tadeln sie Männer dieser Art aus Arger, um ihre eigene Ohnmacht zu verbergen, und bezeichnen die Zügellosigkeit als häßlich. Was ich in meiner früheren Auseinandersetzung sagte, sie knechten die von Natur besseren Menschen, und weil sie ihren Lüsten keine Befriedigung schaffen können, so loben sie die Besonnenheit und Gerechtigkeit um ihrer eigenen Feigheit willen. Denn was wäre für diejenigen, welche etwa von vornherein so glücklich sind. Königssöhne zu sein, oder die imstande sind, sich eine Herrschaft, Tyrannis oder einen Königsthron zu verschaffen, in Wahrheit häßlicher und schlimmer als deine Besonnenheit? Während sie ja alles Gute genießen könnten, ohne daß ihnen jemand in den Weg träte, würden sie sich selbst das Gesetz, Gerede und Geschimpfe der Masse zum Herrn erküren? Oder würden sie nicht unglücklich geworden sein von der Ehre der Gerechtigkeit und Besonnenheit, wenn sie ihren eigenen Freunden nicht mehr zuteilen könnten als ihren Feinden, und zwar als Herrscher im eigenen Staate? Nun, Sokrates, so steht's in der Wahrheit, der du ja nachzutrachten behauptest. Wohlleben, Zügellosigkeit, Freiheit, wenn sie festen Rückhalt hat, das ist die Tugend und Glückseligkeit. Das andere all ist Flitterstaat, widernatürliche Satzungen, menschlicher Aberwitz und taugt nichts.

Sokrates: Recht ritterlich, lieber Kallikles, gehst du voll Freimut mit der Rede heraus. Denn du sprichst jetzt offen aus, was die anderen denken, aber nicht sagen wollen. Ich bitte dich nun, in keiner Weise nachzulassen, damit in Wirklichkeit klar werde, wie man leben muß. Nun sage mir: Die Begierden, meinst du, soll man nicht zügeln, wenn man ein Mann sein will, wie er sein soll; man muß sie so mächtig als möglich werden lassen und ihnen, woher auch immer, Befriedigung bereitet, und das sei die Tugend?

Kallikles: Ja, das meine ich.

Sokrates: Also gelten die, welche nichts bedürfen, mit Unrecht für glücklich?

Kallikles: So wären ja die Steine und die Toten am glücklichsten.

Sokrates: Indes ist das Leben auch, wie du es haben willst, mißlich. Denn es sollte mich nicht wundern, wenn Euripides recht hat, wenn er sagt:

> *Wer weiß, ob nicht das Leben nur ein Sterben ist,*
> *Das Sterben aber Leben?*

Und vielleicht sind wir in Wirklichkeit tot. Das habe ich auch schon von einem weisen Manne gehört, daß wir jetzt tot seien und daß der Leib unser Grab sei; der Teil unserer Seele aber, in welchem sich die Begierden befinden, sei so, daß er sich leicht bereden lasse und von der einen nach der anderen Seite umschlage. Das hat denn auch ein geistreicher Mann, vielleicht ein Sizilier oder Italer, in der Namensableitung in mythischer Bekleidung dargestellt, wenn er ihn wegen seiner leicht zu überredenden Art und Faßbarkeit ein Faß genannt hat und die Uneinsichtigen Uneingeweihte. Der Teil der Seele aber in den Uneingeweihten, dem die Begierden angehören, der so zügellos ist und bodenlos, sei einem durchlöcherten Fasse vergleichbar, indem er von der Unausfüllbarkeit das Bild hernahm. Dieser also beweist gerade das Gegenteil von deiner Meinung, lieber Kallikles, daß nämlich unter den Bewohnern der Unterwelt – dabei meinte er natürlich das Unsichtbare – diese Uneingeweihten am unglücklichsten seien, welche in das durchlöcherte Faß Wasser trügen mit einem ebenfalls durchlöcherten Siebe. Unter dem Siebe verstand er, wie mein Gewährsmann sagte, die Seele. Die Seele der Unverständigen aber verglich er mit einem gleichsam durchlöcherten Siebe, weil sie nichts festfassen kann aus Unfaßlichkeit und Vergeßlichkeit. Das klingt nun allerdings ziemlich sonderbar; doch veranschaulicht es die Ansicht, die ich dir darstelle, zu der ich dich, wenn es möglich wäre, überzutreten überreden wollte, statt des unbefriedigenden und zügellosen Lebens das sittsame und mit dem jedesmal vorhandenen Gute sich begnügende und zufriedene Leben zu wählen. Doch überrede ich dich wohl und trittst du zu der Meinung über, daß die Sittsamen glücklicher seien als die Zügellosen, oder nicht, oder wirst du dich keineswegs bekehren, wenn ich auch noch so viel Mythen vortrage?

Kallikles: Darin hast du eher recht, lieber Sokrates.

Sokrates: Wohlan denn, laß mich dir noch ein anderes Bild aus derselben 364 Schule mitteilen wie eben! Bedenke denn, ob du etwa folgende Ansicht über beide Lebensweisen, die besonnene und die zügellose, teilen magst: Wenn z.B. von zwei Menschen jeder viele Gefäße besäße, und die des einen wären in gutem Zustand und voll, das eine voll Wein, ein anderes voll Honig, ein drittes voll Milch, und viele andere mit vielen Dingen angefüllt, die Flüssigkeiten aber wären selten und für jedes schwer und nur mit großer Mühe und Beschwerde zu beschaffen. Wenn nun der eine sie einmal angefüllt hätte, so würde er weder etwas weiter zugießen noch sich überhaupt darum bekümmern müssen, sondern könnte deswegen in aller Ruhe leben. Für den anderen wäre es nun allerdings auch, wie für jenen, möglich, die Flüssigkeiten herbeizuschaffen, aber schwierig, und seine Gefäße wären durchlöchert und faul, und er hätte Tag und Nacht seine Not, sie anzufüllen, oder er müßte die herbsten Schmerzen empfinden. Wenn nun jede der beiden Lebensweisen diese Beschaffenheit hat, soll dann die des Zügellosen glücklicher sein als die des Enthaltsamen? Bringe ich dich wohl mit diesen Reden zu dem Geständnis, daß das geordnete Leben besser sei als das zügellose, oder nicht?

Kallikles: Dazu bringst du mich nicht, lieber Sokrates. Denn der, welcher ein für allemal vollgegossen hat, hat gar kein Vergnügen mehr, sondern das heißt, wie ich eben erst sagte, ein Leben führen wie ein Stein, wenn er befriedigt ist und weder Freude noch Schmerz empfindet. Denn gerade darin besteht die Annehmlichkeit des Lebens, daß möglichst viel zufließt.

Sokrates: Muß nicht notwendig, wenn viel Zufluß da ist, auch viel Abfluß da sein, und müssen die Löcher für die Abflüsse gar groß sein?

Kallikles: Allerdings.

Sokrates: Das ist das Leben einer rechten Ente, nicht eines Toten oder Steines, von dem du deinerseits redest. Nun sage mir, meinst du so etwas, daß man z.B. hungere und im Hungern esse?

Kallikles: Ja.

Sokrates: Und dürste und durstig trinke?

Kallikles: Ich meine, daß man auch alle anderen Begierden besitze und, weil man sie befriedigen kann, darum eben ein glückliches Leben in Freuden führe.

Sokrates: Schön, mein Bester. Fahre nur fort, wie du begonnen hast, und laß dich ja nicht einschüchtern! Ich, scheint es, darf aber auch nicht schüchtern sein. Nun sage mir zunächst: Wenn jemand die Krätze hat und es juckt ihn und er kann sich in Fülle jucken und sein ganzes Leben mit Jucken zubringen, – heißt das auch glücklich leben?

Kallikles: Wie bist du doch so ungeschliffen, lieber Sokrates, und so recht wie ein Schwätzer aus dem Volke!

Sokrates: Eben darum, mein Kallikles, gelang es mir auch, den Polos und Gorgias zu verblüffen und einzuschüchtern. Denn du bist ja ein tapferer Held. Aber antworte nur!

Kallikles: Nur denn, ich meine, auch wer sich juckt, werde angenehm leben.

Sokrates: Nicht wahr, wenn angenehm, so auch glücklich?

Kallikles: Jawohl.

Sokrates: Wenn er den Kopf allein juckt, oder was soll ich doch noch fragen? Bedenke, lieber Kallikles, was du antworten willst, wenn dich einer nach allen folgenden Teilen der Reihe nach fragte! Und ist nicht, um gleich die Hauptsache unter Dingen dieser Art zu nennen, das Leben der Wüstlinge schmählich, häßlich und jammervoll? Oder wirst du den Mut haben, auch diese für glücklich zu erklären, wenn sie in Fülle haben, wonach sie gelüstet?

Kallikles: Schämst du dich nicht, Sokrates, die Rede auf solche Dinge zu bringen?

Sokrates: Bringe denn ich sie darauf, mein Edler, oder der, welcher so ohne Einschränkung behauptet, diejenigen, welche Freude hätten, welcher Art sie auch sein möge, seien glücklich, und der gar nicht näher bestimmt, welche Lustgut und welche böse ist? Doch sage nur auch jetzt noch, ob du »angenehm« und »gut« für identisch hältst, oder ob es unter dem Angenehmen etwas geben kann, was nicht gut ist?

Kallikles: Damit meine Behauptung nicht mit sich in Widerspruch gerate, wenn ich es als verschieden bestimme, so erkläre ich es für identisch.

Sokrates: Da verdirbst du ja, mein Kallikles, die Grundlage unserer Untersuchung und würdest nicht mehr mit mir die Wahrheit erforschen können, wenn du gegen deine Überzeugung redest.

Kallikles: Du machst es ja auch so, Sokrates.

Sokrates: Dann tue ich ebensowenig recht als du, wenn ich es nämlich tue. Doch, mein Trefflicher, sieh doch zu, ob wirklich das Gute in jeglicher Art von Freude bestehen soll: Denn es ergeben sich daraus offenbar viele häßliche Folgesätze, wie sie eben nur angedeutet wurden, und noch viele andere, wenn dem so ist.

Kallikles: Das meinst du nur, Sokrates.

Sokrates: Du hältst also, lieber Kallikles, in Wahrheit daran fest?

Kallikles: Jawohl.

Sokrates: Sollen wir also den Satz behandeln, als ob es dir Ernst damit sei?

Kallikles: Es ist mir voller Ernst damit.

Sokrates: Wohlan denn, da dir es so beliebt, so bestimme mir folgendes: Nennst du etwas Erkenntnis?

Kallikles: Jawohl.

Sokrates: Sprachst du nicht eben auch von einer Tapferkeit neben der Erkenntnis?

Kallikles: Jawohl.

Sokrates: Nicht wahr, zwei Ausdrücke gebrauchtest du, weil die Tapferkeit von der Erkenntnis verschieden sei?

Kallikles: Allerdings.

Sokrates: Ferner: Ist Lust und Erkenntnis identisch oder verschieden?

Kallikles: Verschieden natürlich, du hochweiser Mann.

Sokrates: Ist auch die Tapferkeit von der Lust verschieden?

Kallikles: Natürlich.

Sokrates: Wohlan denn, daß wir das ja im Gedächtnis behalten, daß Kallikles aus Acharnai gesagt hat: Angenehmes und Gutes seien identisch, Erkenntnis aber und Tapferkeit seien unter einander und von dem Guten verschieden.

Kallikles: Sokrates aber aus Alopeke gibt uns das nicht zu. Oder doch?

Sokrates: Nein. Ich denke aber, auch Kallikles nicht, wenn er sich selbst richtig ins Auge faßt. Sage mir denn, ist es nicht der entgegengesetzte Zustand, wenn es jemand gut geht, und wenn es ihm schlecht geht?

Kallikles: Gewiß.

Sokrates: Wenn also diese Zustände einander entgegengesetzt sind, muß es dann nicht mit ihnen gerade so stehn wie mit Gesundheit und Krankheit? Denn der Mensch ist doch nicht zugleich gesund und krank und wird auch nicht zugleich frei von Gesundheit und von Krankheit.

Kallikles: Wie meinst du das?

Sokrates: Nimm dir also ein Beispiel von einem beliebigen Teile des Leibes und betrachte es daran: Irgend einer ist doch krank an den Augen, und dies führt den Namen Augenkrankheit?

Kallikles: Allerdings.

Sokrates: Nun ist er doch nicht auch zugleich an denselben gesund?

Kallikles: Nein, keineswegs.

Sokrates: Ferner, wenn er von der Augenkrankheit befreit wird, wird er dann auch von der Gesundheit der Augen frei und ist er zuletzt beide zugleich losgeworden?

Kallikles: Durchaus nicht.

Sokrates: Das ist ja, denke ich, unnatürlich und undenkbar. Nicht wahr?

Kallikles: Ganz gewiß.

Sokrates: Vielmehr abwechselnd, denke ich, empfängt und verliert er beide?

Kallikles: Das meine ich.

Sokrates: Nicht wahr, so ist's auch gerade mit Kraft und Schwäche?

Kallikles: Ja.

Sokrates: Und mit Schnelligkeit und Langsamkeit?

Kallikles: Jawohl.

Sokrates: Steht es auch so mit dem Guten und der Glückseligkeit und ihren Gegensätzen, dem Schlechten und dem Elend, daß man beide abwechselnd empfängt und abwechselnd wieder verliert?

Kallikles: Ganz natürlich.

Sokrates: Wenn wir also etwas finden, was der Mensch zugleich verliert und besitzt, so würde das offenbar nicht das Gute und Schlechte sein. Sind wir darin einverstanden? Überlege dir es recht ordentlich, ehe du antwortest!

Kallikles: Nein, das ist über allen Zweifel erhaben.

Sokrates: Nun laß uns auf die früheren Zugeständnisse zurückkommen: Sollte das Hungern für angenehm gelten oder für unangenehm? Ich meine das Hungern an sich.

Kallikles: Für unangenehm. Jedoch Essen, wenn man Hunger hat, ist angenehm.

Sokrates: O ja, ich verstehe. Nun also, das Hungern an sich ist unangenehm. Oder nicht?

Kallikles: Ja.

Sokrates: Nicht auch das Dürsten?

Kallikles: Sehr unangenehm.

Sokrates: Soll ich dich noch über mehr einzelnes befragen, oder gibst du zu, daß alles Bedürfnis und jede Begierde unangenehm sei?

Kallikles: Ja; frage nur nicht!

Sokrates: Schön. Wenn man also Durst hat und trinkt, nicht wahr, das bezeichnest du als angenehm?

Kallikles: Ja.

Sokrates: Nicht wahr, unter den Worten, die du sprachst, bezeichnet doch das »wenn man Durst hat« ein Erleiden von Unlust?

Kallikles: Ja.

Sokrates: Das Trinken aber ist die Befriedigung eines Bedürfnisses und eine Lust?

Kallikles: Ja.

Sokrates: Insofern man trinkt, hat man doch Freude?

Kallikles: Ganz sicher.

Sokrates: Wenn man nämlich Durst hat?

Kallikles: Ja.

Sokrates: Also Unlust empfindet?

Kallikles: Ja.

Sokrates: Merkst du nun die Konsequenz, daß man, wie du sagst, zugleich Unlust und Freude empfindet, wenn man dürstend trinken soll? Oder geschieht das nicht zugleich, nach Einheit des Ortes und der Zeit, sei es an der Seele oder dem Leibe, wie du nun willst? Denn das macht wohl keinen Unterschied. Ist es so oder nicht?

Kallikles: Ja.

Sokrates: Doch bezeichnetest du es als unmöglich, daß man zugleich sich wohl und übel befinde.

Kallikles: Freilich meine ich das.

Sokrates: Das gabst du ja aber als möglich zu, daß man Freude empfinde in Schmerzen.

Kallikles: Allerdings.

Sokrates: Also ist Freude empfinden nicht so viel als sich Wohlbefinden, und Schmerz empfinden nicht so viel als sich übelbefinden, und folglich ergibt sich, daß das Angenehme von dem Guten verschieden ist.

Kallikles: Ich verstehe die feine Weisheit nicht, die du da vorbringst, Sokrates.

Sokrates: Du verstehst sie wohl, aber du stellst dich absichtlich dumm, lieber Kallikles. Gehe denn auch noch einige Schritte weiter vor, damit du erkennst, was das für eine Weisheit ist, mit der du mir Vorhalt machst: Wird nicht jeder von uns durch das Trinken zugleich vom Durste und von der Lust befreit?

Kallikles: Ich verstehe dich nicht; du spielst nur mit Worten.

Gorgias: Nicht doch, lieber Kallikles; antworte doch auch uns zu Gefallen, damit die Untersuchung sich vollende!

Kallikles: Nein, Sokrates macht es immer so, lieber Gorgias. Er fragt nur nach geringfügigen und wertlosen Dingen und will damit widerlegen.

Gorgias: Was verschlägt das dir? Das kommt ja keinesfalls auf deine Rechnung, lieber Kallikles. Laß dich nur von Sokrates widerlegen, wie er eben will!

Kallikles: Nun, so tu du nur deine kleinen und engherzigen Fragen da, weil es einmal Gorgias so recht findet!

Sokrates: Du bist doch glücklich dran, lieber Kallikles, daß du die großen Weihen eher empfangen hast als die kleinen. Ich dachte, das wäre nicht erlaubt. Doch wo du stehen bliebst, – antworte, ob nicht bei jedem von uns zugleich mit dem Durst die Lust aufhört?

Kallikles: Ja.

Sokrates: Auch mit dem Hunger und allen übrigen Begierden hörte zugleich die Lust auf?

Kallikles: So ist's.

Sokrates: Also hören Unlust und Lust zu gleicher Zeit auf?

Kallikles: Ja.

370 *Sokrates:* Indes hört nach deinem Zugeständnis Gutes und Böses nicht zugleich auf. Oder gestehst du es jetzt nicht zu?

Kallikles: O doch. Was tut's denn?

Sokrates: Daß, mein Lieber, das Gute nicht identisch sein kann mit dem Angenehmen, noch das Böse mit dem Unangenehmen. Denn diese hören zusammen auf, jene nicht, weil sie eben verschieden sein mögen. Wie könnte nun das Angenehme mit dem Guten und das Böse mit dem Schmerzhaften einerlei sein? Wenn du willst, überlege es auch in folgender Weise; denn, ich denke, auch so wird es nicht stimmen. Sieh denn zu: Gut nennst du doch die Guten nur durch die Anwesenheit von Gutem, so wie man unter Schönen die versteht, an welchen Schönheit sich vorfindet?

Kallikles: Ja.

Sokrates: Ferner: Verstehst du unter »guten Männern« die Unvernünftigen und Feigen? Eben freilich nicht, denn da nanntest du die Tapferen und Vernünftigen. Oder nennst du die nicht gut?

Kallikles: Allerdings.

Sokrates: Nun weiter: Hast du schon ein unvernünftiges Kind sich freuen sehen?

Kallikles: O ja.

Sokrates: Einen unvernünftigen Mann aber sahst du noch nie sich freuen?

Kallikles: Ich denke, doch. Doch was soll das?

Sokrates: Nichts: antworte nur!

Kallikles: Nun ja.

Sokrates: Ferner einen Verständigen Unlust und Freude empfinden?

Kallikles: Ja.

Sokrates: Wer hat mehr Freude und Unlust, die Vernünftigen oder die Unvernünftigen?

Kallikles: Ich denke, da ist kein großer Unterschied.

Sokrates: Nun, auch das genügt. Hast du schon einen Feigling im Kriege gesehen?

Kallikles: Natürlich.

Sokrates: Nun? Wer freute sich beim Abzug der Feinde nach deiner Meinung mehr, die Feigen oder die Tapferen?

Kallikles: Beide taten es mehr; wo nicht, in gleichem Grade.

Sokrates: Macht nichts. Jedenfalls freuen sich auch die Feigen?

Kallikles: Gewiß.

Sokrates: Freuen sie sich nicht beim Abzug mehr?

Kallikles: Vielleicht.

371

Sokrates: Empfinden also hiernach nicht die Unvernünftigen und Vernünftigen, die Feigen und die Tapferen eine fast gleiche Unlust und Freude, eine größere aber die Feigen als die Tapferen?

Kallikles: Ja.

Sokrates: Die Vernünftigen und Tapferen sind jedoch gut, die Feigen und Unvernünftigen schlecht?

Kallikles: Ja.

Sokrates: Die Guten und Schlechten haben also gleiche Freude und Unlust?

Kallikles: Ja.

Sokrates: Sind also nicht die Guten und Schlechten fast gleich gut und schlecht? Oder sind nicht die Schlechten noch mehr gut und schlecht?

Kallikles: Beim Zeus, ich verstehe dich nicht.

Sokrates: Weißt du nicht, daß nach deiner Annahme die Guten durch die Anwesenheit von Gutem gut sind, die Schlechten durch die von Schlechtem schlecht? Die Genüsse aber seien das Gute, die Schmerzen das Schlechte?

Kallikles: Ja.

Sokrates: in der Empfindung der Freude liegt doch das Gute, die Lust nämlich, wenn man sich freut?

Kallikles: Natürlich.

Sokrates: Sind also nicht die, welche sich freuen, gut, weil das Gute bei ihnen ist?

Kallikles: Ja.

Sokrates: Ferner: Ist nicht im Gefühl der Unlust das Schlechte gegeben, die Schmerzen?

Kallikles: Ja.

Sokrates: Die Schlechten sind ja aber schlecht durch die Anwesenheit des Schlechten. Oder meinst du nicht mehr?

Kallikles: O ja.

Sokrates: Gut sind also die, welche Freude, und schlecht die, welche Unlust empfinden?

372 *Kallikles:* Jawohl.

Sokrates: Je mehr, desto mehr; je weniger, um so weniger; – oder, tun sie's gleichmäßig, so sind sie es auch in gleichem Grade?

Kallikles: Ja.

Sokrates: Haben nun nicht die Verständigen und Unverständigen, die Feigen und Tapferen in gleichem Grade die Empfindung der Freude und der Unlust? Oder sogar noch mehr die Feigen?

Kallikles: Jawohl.

Sokrates: Überlege denn mit mir zusammen, was sich als Folge unserer Voraussetzungen ergibt: Denn zweimal, dreimal, sagt man, das Schöne sagen und überdenken sei schön. Der Vernünftige und Tapfere ist gut, sagen wir: nicht wahr?

Kallikles: Ja.

Sokrates: Schlecht ist der Unvernünftige und Feige?

Kallikles: Jawohl.

Sokrates: Gut dagegen der Fröhliche?

Kallikles: Ja.

Sokrates: Schlecht der mit Unlust Erfüllte?

Kallikles: Notwendig.

Sokrates: Der Gute aber und Schlechte, beide empfinden in gleicher Weise Freude und Unlust, ja der Schlechte noch in höherem Grade?

Kallikles: Ja.

Sokrates: Also wird der Schlechte gleich schlecht und gut oder sogar noch besser als der Gute? Ist das nicht die Folge, so wie jenes früher Erwähnte, wenn man »Angenehmes« und »Gutes« identisch macht? Ist das nicht notwendig so, mein Kallikles?

Kallikles: Ich höre dir ja schon lange nur zu und stimme bei, weil ich merke, daß du voller Freude, wie die kleinen Kinder, dich an jede Kleinigkeit anklammerst, die man dir im Scherze hinreicht. Denn du meinst natürlich, ich oder sonst jemand stellte wirklich in Abrede, daß die Genüsse nicht zum Teil gut, zum Teil schlecht seien.

Sokrates: Ei er, mein Kallikles, was für ein Schalk bist du, daß du mich wie ein Kind behandelst und sagst bald so, bald so, um mich zu täuschen! Gleichwohl hätte ich von vornherein nicht gedacht, daß ich von dir absichtlich getäuscht werden würde, da du mein Freund seist. Nun aber habe ich mich geirrt, wie's scheint, und muß mich halt nach dem alten Spruch nach der Decke strecken und nehmen, was du mir bietest. Was du nun sagst, ist also wohl das, daß einige Genüsse gut seien, andere schlecht. Nicht wahr?

Kallikles: Ja.

Sokrates: Gut sind die nützlichen, schlecht die schädlichen?

Kallikles: Jawohl.

373

Sokrates: Nützlich sind die, welche ein Gut, schlecht die, welche ein Übel bewirken?

Kallikles: Ja.

Sokrates: Meinst du nun solche Genüsse, wie wir z.B. in bezug auf den Leib eben erst anführten im Essen und Trinken? Wenn also einige davon im Leibe Gesundheit oder Stärke oder irgend einen Vorzug des Leibes wirken, so sind diese gut, schlecht aber sind die entgegengesetzten?

Kallikles: Jawohl.

Sokrates: Sind nicht auch die Schmerzen ebenso zum Teil gut, zum Teil schlecht?

Kallikles: Natürlich.

Sokrates: Nicht wahr, die guten Genüsse und Schmerzen muß man aufsuchen und üben?

Kallikles: Jawohl.

Sokrates: Die schlechten nicht?

Kallikles: Das versteht sich.

Sokrates: Denn wegen des Guten müsse ja alles geschehen, so schien es mir und Polos, wenn du dich dessen erinnerst. Bist du auch derselben Meinung, das Ziel alles Handelns sei das Gute, und um seinetwillen müsse alles andere geschehen, nicht dies um des anderen willen? Stimmst du auch als dritter bei?

Kallikles: Jawohl.

Sokrates: Also um des Guten willen muß insbesondere auch das Angenehme geschehen, nicht um des Angenehmen willen das Gute?

Kallikles: Jawohl.

Sokrates: Besitzt nun jeder Mensch die Fähigkeit, auszuwählen, was unter dem Angenehmen gut ist und was schlecht, oder bedarf es eines Sachverständigen dazu?

Kallikles: Gewiß.

374 *Sokrates:* Laß uns denn nochmals wiederholen, was ich eben Polos und Gorgias gegenüber aussprach: Ich sagte nämlich, wenn du dich dessen erinnerst, es gebe verschiedene Geschäfte, von denen die einen nur die Lust bezweckten und eben dies allein zu schaffen suchten, ohne Bewußtsein von Gut und Schlecht; die anderen aber besäßen Erkenntnis vom Guten und Schlechten. Zu den auf die Lust ausgehenden rechnete ich das Kochen, und zwar als Fertigkeit, nicht als Kunst, – unter diejenigen aber, deren Ziel das Gute ist, die Heilkunst. Nun

bitte ich dich denn beim Gott der Freundschaft, lieber Kallikles, denke ja nicht selbst mit mir Scherz treiben zu dürfen, und antworte mir nicht das erste beste wider deine Überzeugung, noch nimm andererseits meine Behauptungen als Scherz auf! Denn du siehst, unsere Untersuchung bezieht sich auf einen Gegenstand, den jeder Mensch, der nur einigen Verstand besitzt, mit größerem Ernste behandeln müßte als sonst irgend einen: das ist die Frage, auf welche Weise man leben muß, ob nach dem Grundsatz, den du empfiehlst, daß man ja die gepriesenen Mannestaten vollbringe, vor dem Volke als Redner auftrete, die Redekunst übe und ein Staatsmann sei nach eurer Art, oder ob man sich dem Leben zuwenden muß, das in der Philosophie sein Heil sucht, und welcher Unterschied zwischen diesem und jenem stattfindet? Das Beste ist nun wohl, wie ich es eben versuchte, den Unterschied festzustellen, und dann, wenn wir mit einander übereingekommen sind, ob diese beiden Lebensweisen wirklich möglich sind, zu untersuchen, welcher Wert ihnen im Unterschiede von einander zukomme und welches Leben man erwählen muß. Vielleicht weißt du noch nicht, was ich meine.

Kallikles: Nein.

Sokrates: Nun, so will ich es dir deutlicher sagen. Da wir zugestanden haben, ich und du, es gebe ein Gutes und es gebe ein Angenehmes, das Angenehme aber sei vom Guten verschieden, ferner gebe es eine Übung und ein Geschäft zum Erwerbe von jedem von beiden, einesteils die Jagd auf das Angenehme, andererseits die auf das Gute, – eben dies bejahe oder verneine mir zunächst: Gibst du das zu?

Kallikles: O ja.

Sokrates: Wohlan denn, entscheide dich auch darüber, ob ich nach deiner Meinung auch in den damals weiter gegen diese Männer vorgetragenen Ansichten recht hatte: Meine Ansicht war doch, daß das Kochen keine Kunst sei, sondern eine Fertigkeit, wohl aber die Heilkunde. Ich begründete es damit, daß die eine die Natur des Objektes, mit dem sie sich beschäftigt, erforscht hat und den Grund ihres Handelns kennt und über alles einzelne Rechenschaft zu geben vermag, nämlich die Heilkunst; die andere aber geht auf die Lust, auf welche sich all ihre Tätigkeit bezieht, ganz kunstlos aus und hat weder die Natur noch den Grund der Lust untersucht, vielmehr ganz unbewußt hat sie sozusagen nichts berechnet und ist nur eine erfahrungsmäßige Fertigkeit, welche bloß die Erinnerung an das, was öfter zu geschehen pflegt, aufbewahrt und demnach die Lust zu schaffen sucht. Nun überlege zunächst, ob das seine Richtigkeit hat, und ob es auch in bezug auf die Seele Beschäftigungen der Art gibt, von denen die einen kunstmäßig sind, im voraus eine Einsicht in das Beste der Seele besitzen, während andere dies hintansetzen, dagegen nur in Betracht ziehen, so wie dort auch (in bezug auf den Leib), auf welche Weise man die Lust der Seele errege, ohne zu bedenken, welche Lust gut oder schlecht ist; ja es liegt ihnen an weiter nichts etwas als an dem Gefallen, den sie erregen, sei das gut oder schlecht. Nach meiner Überzeugung, lieber Kallikles, gibt es solche Beschäftigungen, und ich nenne so etwas Schmeichelei, gehe sie auf Leib, Seele oder sonst ein Objekt, indem jemand die Lust zu erwecken sucht ohne Rücksicht auf Gut und Schlecht. Nimmst du denn nun mit uns dieselbe Meinung an, oder hast du etwas dagegen einzuwenden?

Kallikles: Nein, ich gebe es zu, damit nur dein Beweis zu Ende komme und ich dem Gorgias hier mich gefällig erweise.

Sokrates: Findet das nur in bezug auf eine Seele statt, in bezug auf zwei aber und viele nicht?

Kallikles: Nein, auch in bezug auf zwei und viele.

Sokrates: Also kann man auch einer Masse zugleich einen Gefallen tun ohne Rücksicht auf das Beste?

Kallikles: Ich denke wohl.

Sokrates: Kannst du mir nun die Beschäftigungen angeben, welche das tun? Oder, wenn dir das recht ist, laß mich lieber fragen und bezeichne dann die, welche dir darunter zu gehören scheint und welche nicht! Zunächst laß uns das Flötenspiel in Betracht ziehen: Ist es nicht ganz der Art, lieber Kallikles, und hat nur unser Vergnügen im Auge, ohne sich um sonst etwas zu kümmern?

Kallikles: Jawohl.

Sokrates: Nicht auch alle Tätigkeiten der Art, wie z.B. das Zitherspiel bei den Wettkämpfen?

Kallikles: Ja.

Sokrates: Ferner: Die Einübung der Chöre und die Dithyrambendichtung, – gehört sie nicht offenbar zu dieser Art? Oder meinst du, Kinesias, der Sohn des Meles, kümmere sich irgend darum, etwas so darzustellen, daß dadurch die Zuhörer besser werden? Oder vielmehr nur um das, was ihn bei der Masse der Versammelten beliebt machen muß?

Kallikles: Ja, das ist offenbar, mein Sokrates, soweit es wenigstens den Kinesias betrifft.

Sokrates: Nun, und sein Vater Meles? Oder hat er nach deiner Meinung seinen Gesang zur Zither mit Rücksicht auf das Beste bestimmt? Oder sogar nicht einmal mit Rücksicht auf das Angenehmste? Denn er langweilte mit seinem Gesänge die Versammlung. Nun überlege denn: Ist nicht die ganze Kunst des Zitherspiels und die Dithyrambendichtung des Vergnügens wegen erfunden?

Kallikles: Ja.

Sokrates: Ferner die erhabene und wundervolle Tragödiendichtung, – worauf hat die es angelegt? Geht ihre Tätigkeit und ihr Streben nach deiner Meinung nur auf Gefallen bei den Zuschauern, oder gewinnt sie es über sich, etwas zu verschweigen, wenn es auch jenen angenehm und beliebt ist, aber schlecht, dagegen das vorzutragen und zu besingen, was wahr und nützlich ist, gleichviel ob sie es gern haben oder nicht? In welcher Weise scheint dir die Tragödiendichtung sich gestaltet zu haben?

Kallikles: Offenbar hat sie es ja, lieber Sokrates, mehr auf das Vergnügen und das Wohlgefallen der Zuhörer abgesehen.

Sokrates: Nannten wir so etwas nicht eben erst Schmeichelei?

Kallikles: Jawohl.

Sokrates: Nun wohlan, wenn man von der ganzen Dichtung Melodie, 377 Rhythmus und Versmaß abzöge, nicht wahr, so bleibt nichts weiter übrig als Reden?

Kallikles: Notwendig.

Sokrates: Und diese Reden werden vor einer großen Masse und dem Volke gehalten?

Kallikles: Ja.

Sokrates: Die Dichtkunst ist also eine Art Volksan sprache.

Kallikles: So scheint es.

Sokrates: Also wäre sie eine rednerische Volksansprache. Oder treten die Dichter in den Theatern nicht als Redner auf?

Kallikles: O ja.

Sokrates: So haben wir denn eine Art von Redekunst vor dem Volke gefunden, vor Kindern zugleich und Weibern und Männern, Sklaven und Freien, welche wir eben nicht hochstellen. Denn wir bezeichnen sie als Schmeichelei.

Kallikles: Jawohl.

Sokrates: Gut. Wie steht es uns nun mit der Redekunst, die vor dem Volke der Athener und in den anderen Staaten freier Männer geübt wird? Richten sich die Redner immer nach dem Besten in ihrem Vortrag und streben sie nur danach, daß die Bürger so gut wie möglich werden durch ihre Reden, oder gehen auch diese nur auf Erregung des Wohlgefallens bei ihren Mitbürgern aus, vernachlässigen um des eigenen Vorteils willen das Interesse des Staates, gehen mit dem Volke um wie mit Kindern und suchen nur ihr Gefallen zu erregen, ohne sich darum zu kümmern, ob sie dadurch besser oder schlechter werden müssen?

Kallikles: Die Frage ist nicht mehr so einfach: denn es gibt Redner, die alles nur in wirklicher Sorge für das Wohl der Bürger reden, aber auch andere, wie du sie bezeichnest.

Sokrates: Das genügt schon. Denn wenn dies zwiefacher Art ist, so würde doch wohl das eine Schmeichelei und häßliche Volksrednerei sein, und das andere etwas Schönes, das Streben nämlich, die Seelen der Bürger so gut wie möglich zu machen, und die Entschiedenheit im Vortrag des Besten, mag es nun den Zuhörern angenehm oder unangenehm sein. Doch diese Art der Rede hast du noch nicht erlebt. Oder wenn du einen solchen Redner zu nennen weißt, warum hast du mir seinen Namen nicht angegeben?

378 *Kallikles:* Ja, beim Zeus, unter den jetzigen Rednern weiß ich dir keinen zu nennen.

Sokrates: Nun? Weißt du einen von den Alten zu nennen, durch dessen Verdienst die Athener besser geworden sind, seit er anfing öffentlich zu reden, während sie vorher schlechter waren? Denn ich weiß nicht, wer das sein soll.

Kallikles: Wie? Hast du nicht gehört, daß Themistokles ein edler Mann gewesen sei und Kimon, Miltiades und unser Perikles, der erst kürzlich gestorben ist, den du auch noch gehört hast?

Sokrates: Ja, wenn darin, lieber Kallikles, die wahre Tugend besteht, wie du sie früher geschildert, in der Befriedigung eigner und fremder Begierden. Wenn aber nicht, wenn man vielmehr, was wir in der späteren Untersuchung anzunehmen uns genötigt sahen, diejenigen Begierden, deren Befriedigung den Menschen besser macht, wirklich erfüllen muß und die nicht, welche ihn verschlechtern – dafür aber gebe es eine Kunst-, weißt du mir dann nachzuweisen, daß einer dieser Männer sich so bewährt habe?

Kallikles: Ich weiß nicht, wie ich das soll.

Sokrates: Wenn du richtig suchst, wirst du es finden. Laß uns in ruhiger Untersuchung in folgender Weise zusehen, ob einer von ihnen sich so bewährt hat: Wohlan! Der tüchtige Mann, der in all seinen Reden nur das Beste als Ziel verfolgt, der wird nicht in den Tag hinein reden, sondern sich nach einem bestimmten Gesichtspunkt richten. Nicht wahr? So wählt ja auch unter allen Meistern des Handwerks keiner, der auf sein zukünftiges Werk den Blick richtet, die Mittel aufs Geratewohl, die er dazu verwendet, sondern mit Rücksicht darauf, daß sein Werk eine gewisse Gestaltung empfangen soll. So z.B. wenn du auf die Maler sehen willst, die Baumeister, Schiffsbaumeister und alle anderen Handwerker, welche du willst, – so nimmt jeder alles, was er nimmt, nach einer bestimmten Ordnung und nötigt das eine sich dem anderen anzupassen und einzufügen, bis er das ganze Werk in guter Ordnung und Gestaltung hingestellt hat. So machen es denn unter anderen Meistern auch die, die wir eben erst nannten, die mit dem Leib beschäftigten Turnlehrer und Ärzte, daß sie den Leib gestalten und in Ordnung bringen. Ist das so oder nicht?

Kallikles: Es mag so sein.

379

Sokrates: Ein Haus, das Ordnung und Wohlgestalt empfangen hat, wäre also gut; wenn Unordnung herrscht, schlecht?

Kallikles: Ja.

Sokrates: Nicht auch ein Schiff ebenso?

Kallikles: Ja.

Sokrates: Sagen wir das auch von unserem Leibe?

Kallikles: O ja.

Sokrates: Und von der Seele? Wird sie gut sein, wenn Unordnung in ihr herrscht, oder wenn Ordnung und Maß?

Kallikles: Nach dem Vorhergehenden muß Ich auch dies zugestehen.

Sokrates: Welchen Namen gebraucht man nun für das, was sich aus der Ordnung und dem Maße in dem Leibe entwickelt?

Kallikles: Wahrscheinlich meinst du Gesundheit und Stärke.

Sokrates: Jawohl. Und wie heißt andererseits das, was sich in der Seele aus der Ordnung und dem Maße entwickelt? Versuche den Namen ebenso wie für jenes aufzufinden und anzugeben!

Kallikles: Warum sagst du ihn nicht selbst, lieber Sokrates?

Sokrates: Nun, wenn dir das lieber ist, will ich ihn sagen. Wenn ich nun nach deiner Meinung recht habe, so bestätige es; wo nicht, so widerlege mich und laß es nicht durchgehn! Für die Ordnung in dem Leibe gilt die Bezeichnung *gesund*, woraus in ihm die Gesundheit und die sonstige Tüchtigkeit des Leibes sich entwickelt. Ist das so oder nicht?

Kallikles: Ja.

Sokrates: Für die Ordnung aber und die Maße in der Seele *Gesetzlichkeit* und *Gesittung*, woher die Menschen auch gesetzlich werden und gesittet. Das ist aber *Gerechtigkeit* und *Besonnenheit*. Ja oder nein?

Kallikles: Nun, ja.

Sokrates: Wird nun nicht jener kunstverständige und tüchtige Redner im Hinblick auf diese Ziele seine Reden alle, die er hält, und all sein Tun für die Seele einrichten, und jedes Geschenk geben, das er gibt, und alles nehmen, was er nimmt, indem er nur darauf sinnt und denkt, daß in den Seelen seiner Mitbürger Gerechtigkeit einziehe und Ungerechtigkeit weiche, Besonnenheit einziehe, Zügellosigkeit weiche, und überhaupt alle Tugend sich einwohne, die Schlechtigkeit aber auswandere? Gibst du das zu oder nicht?

380

Kallikles: Jawohl.

Sokrates: Was nützt es denn auch, lieber Kallikles, wenn man einem kranken und schlecht aufgelegten Leibe viele Speisen gäbe und das Süßeste an Getränken oder sonstigen Dingen, die ihm bisweilen nicht mehr Vorteil bringen können als im Gegenteil Schaden, ja, wenn man es richtig sagen will, noch weniger? Ist's so?

Kallikles: Nun ja.

Sokrates: Denn das Leben, denke ich, im Elend des Leibes frommt dem Menschen nicht. Denn so muß er natürlich auch ein elendes Leben führen. Oder ist dem nicht so?

Kallikles: Ja.

Sokrates: Daher lassen auch die Ärzte einen Gesunden meistenteils seine Begierden befriedigen, z.B. wenn er Hunger hat, so viel essen, als er will, oder trinken, wenn er Durst hat; einen Kranken aber lassen sie eigentlich nie sich mit dem Gegenstand seiner Begierde anfüllen. Gibst auch du das zu?

Kallikles: Jawohl.

Sokrates: Hat es aber mit der Seele, mein Bester, nicht dieselbe Bewandtnis? Solange sie schlecht ist, weil sie unverständig, zügellos, ungerecht, unfromm ist, muß man sie von den Begierden fern halten und darf ihr nichts anderes zu tun erlauben als das, wodurch sie besser wird? Ja oder nein?

Kallikles: Ja.

Sokrates: So nämlich ist es doch für die Seele selber am besten?

Kallikles: Jawohl.

Sokrates: Heißt nun das Fernhalten von den Begierden nicht so viel als Züchtigen?

Kallikles: Ja.

Sokrates: Züchtigung ist also für die Seele besser als Zuchtlosigkeit, wie du kurz vorher meintest.

Kallikles: Ich verstehe dich gar nicht, Sokrates; frage doch einen anderen!

Sokrates: Dieser Mann will sich nicht nützen lassen und selbst das über sich ergehen lassen, wovon die Rede ist, nämlich Züchtigung.

Kallikles: Mir liegt auch gar nichts an dem, was du sagst. Auch so weit habe ich nur um des Gorgias willen geantwortet.

381

Sokrates: Schön. Was sollen wir denn nun machen? Sollen wir die Untersuchung in der Mitte abbrechen?

Kallikles: Entscheide es selber!

Sokrates: Nun, selbst die Märchen, sagt man, in der Mitte aufzugeben sei ungebührlich; man müsse ihnen vielmehr einen Kopf aufsetzen. Damit keines ohne Kopf einhergehe, beantworte nun auch den Rest noch, damit unsere Untersuchung einen Kopf erhalte!

Kallikles: Wie zudringlich du bist, Sokrates! Wenn du aber mir folgst, so läßt du diese Untersuchung auf sich beruhen, oder rede auch mit einem anderen!

Sokrates: Wer sonst will nun? Unvollendet können wir ja doch die Untersuchung nicht lassen.

Kallikles: Könntest du nicht selbst den Beweis durchgehen, sei es mit dir selbst redend oder dir antwortend?

Sokrates: Damit es mir gehe, wie Epicharmos sagt: ich allein soll tüchtig sein in dem, was vordem zwei zu reden hatten. Doch es scheint große Not dazu. Wenn wir es jedoch so machen sollen, so, denke ich, müssen wir alle sehr eifrig darauf aus sein, zu erfahren, was in unserer Frage wahr ist und was falsch. Denn das Gut ist allen gemeinsam, wenn es an den Tag kommt. So will ich denn untersuchend die Sache durchnehmen, wie sie sich zu verhalten scheint. Wenn es aber einem unter euch scheint, als wären die Zugeständnisse nicht wahr, die ich mache, so muß er eingreifen und mich widerlegen. Denn was ich vorbringe, das sage ich nicht, als wüßte ich es, sondern ich suche mit euch gemeinsam. Wenn daher mein Gegner in einer Sache recht zu haben scheint, so werde ich zuerst zustimmen. Ich sage das jedoch für den Fall, daß man glaubt, die Untersuchung müsse zu Ende geführt werden. Wenn ihr aber nicht wollt, so lassen wir sie auf sich beruhen, um auseinander zu gehen.

Gorgias: Mir scheint es, mein Sokrates, noch nicht an der Zeit, wegzugehen, sondern du mußt die Untersuchung fortführen. So, denke ich, urteilen auch die anderen. Denn ich wünsche auch selbst, dich den Rest durchgehen zu hören.

Sokrates: Ja gewiß, mein Gorgias, würde ich selbst noch gern mit unserem Kallikles die Unterredung weiter führen, bis ich ihm die Rede des Amphion statt der des Zethos wiedergegeben hätte. Da aber du, Kallikles, die Untersuchung nicht zu Ende zu führen helfen willst, so höre denn auch mich und halte mich an, wenn ich nach deiner Ansicht nicht Recht habe! Und wenn du mich widerlegst, will ich nicht böse auf dich sein, wie du auf mich, sondern als größter Wohltäter sollst du bei mir eingezeichnet werden.

Kallikles: Rede, mein Guter, selbst und bringe die Sache zu Ende!

Sokrates: Vernimm denn, wie ich von vorn an den Beweis wiederhole: Ist das Angenehme und Gute identisch? – Nein, darüber waren wir, ich und Kallikles, übereingekommen. – Muß man das Angenehme um des Guten willen tun, oder das Gute um des Angenehmen willen? – Das Angenehme um des Guten willen. – Angenehm heißt aber das, durch dessen Anwesenheit in uns wir Freude haben? Und gut das, durch dessen Einwohnen in uns wir gut sind? – Jawohl. – Gut sind wir jedoch, wir und überhaupt alles, was gut ist, dadurch, daß eine Tugend in uns Eingang fand? Das scheint mir notwendig, lieber Kallikles. Nun kommt aber offenbar die Tugend eines jeden Dinges, eines Gerätes, eines Leibes, einer Seele und überhaupt eines jeden lebenden Wesens, nicht aufs Geratewohl am schönsten in es hinein, sondern nach Ordnung und kunstmäßiger Regelung, wie sie einem jeden verliehen worden ist. Ist dem so? – Ich denke wohl. – Also Ordnung ist es, wonach die Tugend eines jeden ordentlich gestaltet und bestimmt wird? – Da würde ich ja sagen. – Wenn also in ein Ding, welches es auch sei, die jedesmal ihm eigentümliche Ordnung Eingang gefunden hat, so macht sie es jedesmal gut? – Das meine ich. – Also ist auch die Seele, die die ihr zukommende Ordnung enthält, besser als die ungeordnete (ungestalte)? – Notwendig. – Nun ist gewiß die, die Ordnung enthält, eine ordentliche? – Das versteht sich von selbst. – Die ordentliche aber ist besonnen? – Sehr notwendig. – Die besonnene Seele ist also gut.... Dagegen weiß ich nichts weiter vorzubringen, lieber Kallikles. Wenn du etwas weißt, so teile es mit!

Kallikles: Sprich nur weiter, mein Guter!

Sokrates: So sage ich denn: Wenn die besonnene Seele gut ist, so ist die, welche sich in dem der Besonnenheit entgegengesetzten Zustand befindet, schlecht. Das war aber doch die unverständige und zügellose? – Jawohl. – Ferner: Der Besonnene würde doch gewiß seine Pflichten erfüllen gegen Götter und Menschen? Denn wenn er das nicht täte, so wäre er ja nicht besonnen? – Das kann nicht anders sein als so. – Sofern er nun seine Pflichten gegen Menschen erfüllt, wird er die Forderungen der Gerechtigkeit, und sofern er seine Pflichten gegen die Götter erfüllt, die der Frömmigkeit erfüllen. Wer aber diese Forderungen erfüllt, der muß gerecht und fromm sein? – Jawohl. – Ferner muß er auch notwendig tapfer sein. Denn darin eben zeigt sich der besonnene Mann, daß er nicht zu erstreben oder zu meiden unterläßt, was die Pflicht erfordert, sondern meint und erstrebt, was er soll, seien es Handlungen, Menschen, Vergnügungen oder Schmerzen, und daß er ausdauernd standhält, wo es seine Aufgabe ist. Daher muß durchaus, lieber Kallikles, der Besonnene, weil er, wie wir nach einander darstellten, gerecht ist, tapfer und fromm, auch ein vollkommen guter Mensch sein; der Gute muß aber, was er auch tun mag, gut und mit Ehren tun; wer aber so tut, der muß glücklich und selig sein, der Schlechte dagegen, der schlecht handelt, unglücklich. Das wäre nun der dem Besonnenen Entgegengesetzte, der Zuchtlose, dessen Glück du gepriesen hast. Das ist nun meine Ansicht, und von ihrer Wahrheit bin ich überzeugt. Wenn sie aber wahr ist, so muß wohl, wer glücklich sein will, Besonnenheit erstreben und üben, die Zuchtlosigkeit aber fliehen, soweit ihn seine Füße tragen, und muß danach streben vor allem, daß er der Züchtigung nicht bedürfe; wenn er sie aber selbst bedarf oder einer, der ihm nahesteht, sei es ein Einzelner oder ein ganzer Staat, so muß er Strafe und Züchtigung an ihm vollziehen lassen, wenn jener glücklich sein soll. Das ist meiner Meinung nach das Ziel, das man im Leben im Auge haben muß, und danach muß man all sein Tun und Lassen und das des Staates richten, daß Gerechtigkeit und Besonnenheit dem, der glücklich sein will, einwohne; die Begierden aber darf man nicht ungezügelt lassen und sie zu befriedigen suchen, ein Übel ohne Ende, das Leben eines Räubers.

Denn ein solcher Mensch kann weder von einem Menschen noch von Gott geliebt sein. Denn für ihn ist Gemeinschaft unmöglich. Wer aber keine Gemeinschaft mit anderen hat, hat auch keine Freundschaft. Die Weisen aber sagen, lieber Kallikles, den Himmel und die Erde, die Götter und die Menschen hielten Gemeinschaft, Freundschaft, Ordnungsliebe, Besonnenheit und Gerechtigkeit zusammen; und das All nennt man deshalb »Weltordnung«, lieber Freund, nicht Unordnung und auch nicht Zügellosigkeit. Du aber achtest nicht darauf, scheint es mir, und bist doch so weise; vielmehr ist es dir entgangen, daß das mathematische Gleichmaß im Himmel und auf Erden große Bedeutung hat. Du meinst dagegen, man müsse das Mehrhaben erjagen; denn um die Mathematik kümmerst du dich nicht. Doch genug. Entweder also müssen wir diesen Beweis widerlegen und dartun, daß nicht durch den Besitz der Gerechtigkeit und Besonnenheit die Glücklichen glücklich und durch den der Schlechtigkeit die Unglücklichen unglücklich sind, oder wenn er richtig ist, müssen wir die Folgen bedenken. Das oben schon Gesagte, lieber Kallikles, folgt alles daraus, worüber du mich fragtest, ob ich es im Ernste meine, als ich sagte, man müsse sich selbst, seinen Sohn und Freund anklagen, wenn er Unrecht tue, und dazu die Rhetorik benutzen. Und was nach deiner Meinung Polos nur aus Schüchternheit zugestand, war also ganz wahr: daß das Unrechttun ebensosehr schlechter sei als das Unrechtleiden, wie es häßlicher sei. Wer also ein richtiger Redner werden will, muß gerecht sein und sich aufs Recht verstehen, was Gorgias, wie seinerseits Polos meinte, nur aus Schüchternheit zugegeben hatte. Wenn dem nun so ist, laß uns in Erwägung ziehen, was es mit deinen Vorwürfen gegen mich eigentlich für eine Bewandtnis hat: ob es seine Richtigkeit hat oder nicht, daß ich weder mir noch einem meiner Freunde und Anverwandten zu helfen, noch mich aus den größten Gefahren zu retten imstande sei, daß ich vielmehr in der Gewalt jedes Beliebigen sei, wie die, die ihrer Staatsbürgerrechte beraubt sind, wenn mir jemand, wie dein kühner Ausdruck lautete, einen Backenstreich geben oder mir das Vermögen rauben oder mich aus der Stadt verjagen oder gar – das Alleräußerste – mich töten wolle, und daß diese Lage

schier die schimpflichste sei, wie du behauptest hast. Ich aber sage, wie ich schon oft gesagt habe (aber es tut auch nichts, wenn es noch mehr wiederholt wird), – ich sage, mein Kallikles, nicht das ist der größte Schimpf, einen Backenstreich zu erhalten, auch nicht, wenn mir der Leib in Stücke oder der Geldbeutel abgeschnitten wird: sondern ein größerer Schimpf und viel schlimmer ist es, mich und das, was mein ist, zu schlagen wider Recht und zu schneiden und mich zum Sklaven zu machen, bei mir einzubrechen, – kurz zusammengefaßt, alles Unrecht gegen mich und das, was mein ist, ist für den, der es tut, ein größerer Schimpf und weit schlimmer, als für mich, der ich es leide. Diese Sätze, die sich uns oben in der früheren Untersuchung darstellten, werden, so meine ich, wenn der Ausdruck auch etwas plump klingt, von eisernen und stählernen Gründen festgehalten und umschlossen, wie es so wenigstens scheinen muß, und wenn du diese Bande nicht lösest oder ein noch Kühnerer, als du bist, so kann niemand Recht haben, wenn er nicht die eben von mir vorgetragene Ansicht ausspricht. Denn ich wiederhole es immer, daß *ich* das nicht weiß, daß jedoch unter denen, mit denen ich zusammengetroffen bin, wie jetzt, keiner imstande ist, eine andere Behauptung zu verteidigen, ohne sich lächerlich zu machen. Ich stelle also meinerseits diese Behauptung auf. Wenn sie so richtig ist, und die Ungerechtigkeit ist wirklich das größte Übel für den Unrechttuenden, und wenn es ein noch größeres als dieses größte womöglich ist. Unrecht zu tun, ohne Strafe zu leiden, – welche Art der Unfähigkeit, sich selbst zu helfen, wird dann einen Menschen wahrhaft lächerlich machen? Nicht, wenn er die Hilfe sich nicht zu leisten versteht, welche den größten Schaden von uns abwehrt? Nein, das muß durchaus die ärgste Schande sein, wenn man weder sich noch seinen Freunden und Anverwandten darin zu hellen vermag, in zweiter Stelle folgt die auf das zweitgrößte Übel, und als dritte die auf das dritte bezügliche, und so weiter. Wie die Größe jedweden Übels beschaffen ist, so ist es auch mit der Ehre, in jedem Stücke sich helfen zu können, und der Schande, es nicht zu vermögen. Steht es anders, oder so, mein Kallikles?

Kallikles: Anders nicht.

Sokrates: Da es also zwei Übel gibt, das Unrechttun und das Unrechtleiden, so bezeichnen wir als das größere das Unrechttun, als das geringere das Unrechtleiden. Mit welchen Mitteln kann nun wohl ein Mensch sich selbst so helfen, daß er diese beiden Vorteile genießt: nicht Unrecht zu tun und nicht Unrecht zu leiden? Mit einer Kraft oder mit dem Willen? Ich meine es aber so: Wird man dann schon kein Unrecht leiden, wenn man es nicht will, oder wenn man sich die Kraft verschafft hat, es fernhalten zu können?

Kallikles: Offenbar doch, wenn man diese Kraft besitzt.

Sokrates: Wie ist es nun mit dem Unrechttun? Ist das genug, wenn man nicht Unrecht tun will: wird man dann keines tun? Oder muß man auch dazu eine Kraft und Kunst sich aneignen, so daß man Unrecht tun wird, wenn man es nicht erlernt und geübt hat? Warum gabst du mir eben darauf keine Antwort, mein Kallikles, ob wir nach deiner Meinung mit Recht in der früheren Untersuchung zu dem Zugeständnis uns zwingen ließen, Polos und ich, oder nicht, als wir zugaben, niemand tue mit Willen Unrecht, sondern alle, die Unrecht täten, täten es wider Willen?

Kallikles: Gut; das mag so gelten, lieber Sokrates, damit du nur deinen Beweis zu Ende bringest.

Sokrates: Also auch dafür, daß wir nicht Unrecht tun, muß man sich eine Kraft und Kunst aneignen.

Kallikles: Jawohl.

Sokrates: Worin besteht nun eigentlich die Kunst, das zu erreichen, daß man entweder gar kein Unrecht oder möglichst wenig erleidet? Überlege, ob es dir dieselbe zu sein scheint wie mir! Denn ich halte folgende dafür: Entweder müsse man selbst in dem Staate herrschen oder auch Tyrann sein, oder ein Freund der bestehenden Staatsordnung.

Kallikles: Du siehst, lieber Sokrates, wie bereit ich bin, dich zu loben, wenn du einmal recht hast. Das aber scheint mir eine recht treffliche Äußerung.

Sokrates: Überlege dir denn, ob ich auch wohl darin recht habe: Freund scheint mir jedesmal einer einem ändern zu sein soweit als möglich, wie es die Alten und weise Männer bezeichnen, *der Ähnliche dem Ähnlichen*. Dir nicht auch?

Kallikles: Ja.

387 *Sokrates:* Nicht wahr, wenn in einem Staate, wo ein wilder und ungebildeter Tyrann herrscht, jemand weit besser wäre als er, so würde ihn doch wohl der Tyrann fürchten, und er könnte diesem niemals von ganzem Herzen Freund werden?

Kallikles: Jawohl.

Sokrates: Auch der nicht, der viel schlechter wäre: denn der Tyrann würde ihn verachten und ihn niemals wie einen Freund behandeln.

Kallikles: Auch darin hast du recht.

Sokrates: Folglich bleibt, soweit es hierauf ankommt, nur noch der als ein Freund für ihn übrig, der ihm gleichdenkend Lob und Tadel für dieselben Dinge hätte und sich von dem Tyrannen beherrschen ließe und ihm unterwürfig wäre. Der wird in diesem Staate großen Einfluß besitzen, und ihm Unrecht zu tun wird keinem wohl bekommen. Ist's nicht so?

Kallikles: Ja.

Sokrates: Wenn also in diesem Staate ein Jüngling überlegte: »Wie fange ich es an, daß ich großen Einfluß erlangen und niemand mir Unrecht tun kann?«, so ist das für ihn wohl der Weg dazu, daß er sich gleich von Jugend auf gewöhnt, Freude und Haß über dieselben Dinge mit seinem Herrn zu teilen und danach zu trachten, daß er ihm so ähnlich wie möglich werde. Nicht so?

Kallikles: Ja.

Sokrates: Also dadurch wird es ihm gelingen, sich vor Unrechtleiden zu schützen und, wie ihr sagt, große Macht in dem Staate zu erlangen.

Kallikles: Jawohl.

Sokrates: Auch Freiheit vom Unrechttun? Oder weit gefehlt, wenn er ja dem Herrscher ähnlich sein und bei diesem großen Einfluß besitzen soll, der ungerecht ist? Nein, ich denke, so wird er gerade umgekehrt in die Lage kommen, die es ihm möglich macht, möglichst viel Unrecht zu tun, ohne dafür Strafe zu erleiden. Nicht wahr?

Kallikles: Offenbar.

Sokrates: Also wird ihm das ärgste Übel zuteil, daß er an seiner Seele erbärmlich und verdorben wird durch die Nachahmung seines Herrn und seine Macht bei ihm.

Kallikles: Ich begreife gar nicht, wie du jedesmal die Worte hin und her wendest, Sokrates. Oder weißt du nicht, daß dieser Nachahmer jenen töten und des Vermögens berauben wird, der nicht nachahmt? 388

Sokrates: Ich weiß es, mein guter Kallikles, wenn ich nicht taub bin. Hab' ich's doch nicht nur von dir, sondern auch von Polos eben noch oftmals und fast von allen anderen gehört, die im Staate eine Stellung einnehmen. So höre denn auch du von mir, daß er ihn wohl töten kann, wenn er will; aber er ist dann ein Schurke, und jener ein rechtschaffener Mann.

Kallikles: Ist das nicht eben gerade beklagenswert?

Sokrates: Nein – für jeden Vernünftigen, wie die Untersuchung zeigt. Oder meinst du, das Streben des Menschen müsse sich darauf richten, daß man so lange als möglich lebe, und die Künste müsse man üben, welche uns jedesmal aus Gefahren erretten, wie z.B. auch die Rhetorik, zu deren Übung du mich aufforderst, weil sie vor Gericht Rettung bringt?

Kallikles: Ja, beim Zeus, das ist gerade ein guter Rat.

Sokrates: Nun weiter, mein Bester: Hältst du auch die Kenntnis des Schwimmens für hochwichtig?

Kallikles: Nein, beim Zeus, das nicht.

Sokrates: Und doch rettet auch sie die Menschen vom Tode, wenn sie in einen Fall kommen, wo man diese Kenntnis nötig hat. Wenn dir aber diese geringfügig dünkt, so will ich dir eine bedeutendere nennen: die Steuermannskunst, die nicht bloß das Leben rettet, sondern auch den Leib und das Vermögen, und zwar aus den äußersten Gefahren, so gut wie die Redekunst. Sie ist jedoch zurückhaltend und bescheiden und tut nicht groß und gibt sich nicht das Ansehn, als brächte sie etwas Wundergroßes fertig; sondern, wenn sie dasselbe geleistet hat wie die gerichtliche Rede, wenn sie aus Aigina hierher jemand gerettet hat, fordert sie, denke ich, zwei Obolen, und wenn aus Ägypten oder vom Pontos, fordert sie, wenn's hoch kommt, für diese große Wohltat, daß sie, wie ich eben sagte, einen selbst, seine Kinder, Vermögen und Frau gerettet hat, bei der Landung im Hafen zwei Drachmen, und der Mann selbst, der diese Kunst besitzt und das geleistet hat, steigt aus und geht am Meeresstrand und seinem Schiff entlang spazieren in bescheidenem Gewände. Denn er weiß, denke ich, zu berechnen, daß es ungewiß ist, wem von den Mitreisenden er wirklichen Nutzen gebracht hat, daß er ihn nicht hat im Meere ertrinken lassen, und wem Schaden, weil er weiß, daß er sie um keinen Deut besser hat aussteigen lassen, weder an Leib noch Seele, als sie einstiegen. Er berechnet, daß, wenn jemand, der mit großen unheilbaren Krankheiten am Leibe behaftet ist, nicht ertrank, der Mann unglücklich ist, weil er nicht umkam, und daß er durch ihn keinen Nutzen erlangt hat. Wenn aber jemand an dem Teile seines Ich, das noch mehr wert ist als sein Leib, an der Seele nämlich, viele unheilbare Krankheiten hat, – dem soll das Leben wertvoll sein und dem soll es nützen, wenn man ihn aus der Gewalt des Meeres und des Gerichtes und wo immer sonst her rettet? Nein, er weiß, daß für den schlechten Menschen das Leben nicht gut ist. Denn der muß notwendig schlecht leben. Daher ist es nicht Brauch, daß der Steuermann sich etwas einbilde, wenn er uns auch rettet. Auch der Maschinenbauer nicht, mein Trefflicher, der bisweilen nicht Geringeres retten kann als ein Feldherr, geschweige denn ein Steuermann und irgend sonst einer; denn er rettet mitunter ganze Städte. Kann er sich wohl mit dem Redner vor Gericht messen? Und doch, wenn er, lieber Kallikles, reden wollte wie ihr, und sein Geschäft herausstreichen, so könnte er euch mit seinen Reden überschütten und auffordern, daß ihr Maschinenbauer werden solltet, weil alles andere nichtig sei. Denn an Stoff dazu gebricht es ihm nicht. Aber du verachtest ihn und seine Kunst nichtsdestoweniger und würdest ihn fast zum Spott »Maschinenbauer« nennen, und seinem Sohne würdest du deine Tochter nicht geben, noch die seinige für deinen Sohne freien wollen. Und doch nach den Gründen, auf die hin du deine Kunst lobst, – mit welchem Rechte verachtest du den Maschinenbauer und die anderen, die ich eben nannte? Ich weiß, du würdest erwidern, du seiest besser und aus besserer Familie. Wenn aber das »Besser« nicht heißt, was ich darunter verstehe, sondern eben dies schon Tugend ist, daß man sich und das Seinige erhalte, mag man sonst sein, wie man will, – so ist dein Tadel über den Maschinenbauer, Arzt und sonstige Künste, welche die Erhaltung zur Aufgabe haben, lächerlich. Nein, mein Trefflicher, bedenke, ob nicht das Edle und Gute etwas anderes ist als Retten und Sich-retten-lassen. Denn das Leben an sich ist's doch nicht. Wie lange er aber leben will, daran darf der wahrhafte Mann nicht denken und darf nicht am Leben hängen, sondern darüber muß er die Entscheidung der Gottheit anheim stellen und muß den Weibern glauben, daß *nicht einer seinem Geschicke entrinnen könne*, und muß darauf sehen, auf welche Weise er die Zeit, die er leben soll, so gut wie möglich lebe, ob so, daß er sich selbst der Verfassung des Staates ähnlich mache, indem er lebt, und du also jetzt dem Volke der Athener so ähnlich als möglich werden mußt, wenn du bei ihm beliebt sein und in dem Staate großen Einfluß haben willst? Bedenke, ob dir und mir das nützt, damit es uns nicht geht, mein Teuerster, wie angeblich den thessalischen Frauen, welche den Mond herunterziehen wollen, daß die Wahl dieser Macht in dem Staate mit dem Liebsten bezahlt wird. Wenn du aber glaubst, es könne dir irgend ein Mensch eine solche Kunst verleihen, die dir große Macht im Staate verschafft, während du dieser Verfassung, sei es nach der besseren oder schlechteren Seite hin, unähnlich bleibst, so bist du meiner Ansicht nach, mein Kallikles, nicht richtig

390

beraten. Denn du darfst kein bloßer Nachahmer sein: sondern in der eigenen Natur mußt du ihnen ähnlich sein, wenn du etwas Erkleckliches in der Freundschaft beim athenischen *Demos* (Volk) vor dich bringen willst, und, beim Zeus, auch bei dem Sohne des Pyrilampes obendrein. Wer dich also ihnen möglichst ähnlich macht, der wird dich zu einem Staatsmann und Redner machen, wie du es sein willst. Denn die Menschen freuen sich jedesmal nur über Reden, die nach ihrem Sinne lauten; über Fremdes ärgern sie sich – wenn du nicht anders meinst, *du liebes Haupt.* Haben wir darauf etwas zu erwidern, mein Kallikles?

Kallikles: Fast scheint es mir, ich weiß selbst nicht *wie,* du habest recht, mein Sokrates. Es geht mir aber wie der großen Masse: ich bin nicht ganz von dir überzeugt.

Sokrates: Ja, die Liebe zum *Demos,* die noch in deiner Seele Platz hat, ist mir im Wege. Wenn wir jedoch vielleicht oft und besser eben dieselben Fragen in Erwägung ziehen, wirst du zur Überzeugung kommen. Rufe dir nun ins Gedächtnis zurück, daß wir zwei Arten von Behandlungsweisen für jegliche Sache, für Leib und Seele, annehmen: die eine behandelt sie nach ihrem Gefallen, die andere mit Rücksicht auf ihr Bestes, indem man nicht nach Gefallen etwas tut, sondern es durchsetzt. War es nicht so, was wir damals festsetzten?

Kallikles: Jawohl.

Sokrates: Nicht wahr, die eine, die nach Gefallen verfährt, ist unedel und eigentlich nichts weiter als eine Schmeichelei? Nicht wahr?

Kallikles: Nun gut, wenn du es so willst.

Sokrates: Die andere aber geht darauf, daß der Gegenstand, den wir behandeln, sei es Leib oder Seele, so gut wie möglich werde?

Kallikles: Jawohl.

Sokrates: Also so müssen wir suchen den Staat und die Bürger zu behandeln, daß wir die Bürger selbst so gut wie möglich machen? Denn ohne dies ist es, wie wir in der vorausgehenden Untersuchung fanden, nichts nütze, ihnen irgend sonst eine Wohltat zu erweisen, wenn nicht die Gesinnung derer edel und gut ist, die großen Reichtum gewinnen oder eine Herrschaft über andere oder sonst eine wichtige Stellung erhalten sollen. Soll es so gelten?

Kallikles: O ja, wenn es dir so gefällt.

Sokrates: Wenn wir nun öffentlich ein bürgerliches Geschäft angefangen hätten, und wir wollten einander zu Bauunternehmungen auffordern, zu recht großen Bauten von Mauern oder Schiffswerften oder Tempeln, – müssen wir uns dann nicht selbst gründlich prüfen, zunächst, ob wir die Kunst verstehen oder nicht, die Baukunst nämlich, und von wem wir sie gelernt hätten? Ja oder nein?

Kallikles: Jawohl.

Sokrates: Sodann zweitens, ob wir je einen Privatbau ausgeführt hätten, sei es für einen Freund oder für uns selbst, und ob dieser Bau schön geraten oder mißlungen ist. Wenn wir nun in dieser Untersuchung fänden, daß wir tüchtige und berühmte Lehrer gehabt und viele schöne Bauwerke unter Leitung der Lehrer ausgeführt und dann auch viele selbständig in eigenem Namen, seit wir die Lehrer verließen, – wenn es also so stünde, dann wäre es vernünftig, an Unternehmungen des Staates zu gehen. Wenn wir aber weder einen Lehrmeister von uns aufzuweisen hätten und entweder gar keine oder viele mißlungene Bauten, dann wäre es doch unvernünftig, an Staatsbauten Hand anzulegen und dazu einander aufzumuntern. Ist das wohl so richtig oder nicht?

Kallikles: Ja.

Sokrates: Steht's nicht so mit allem übrigen auch? Wenn wir unter anderem in Staatsdienste treten wollten und einander dazu aufforderten, weil wir uns als geschickte Ärzte ansehen, so würden wir doch einander prüfen, ich dich und du mich: »Bei den Göttern, sprich, wie steht es denn mit der Leibesgesundheit des Sokrates selbst? Oder ist schon sonst jemand durch den Sokrates seine Krankheit losgeworden, ein Sklave oder ein Freier?« Auch ich, denke ich, werde ähnliche Betrachtungen über dich anstellen. Und wenn wir fänden, durch unser Verdienst sei noch niemandes Leibeszustand gebessert worden, weder von einem Fremdling noch einem Bürger, weder Mann noch Weib, – wäre es dann, beim Zeus, lieber Kallikles, nicht in Wahrheit lächerlich, daß Menschen so töricht sein können, daß sie, wie man zu sagen pflegt, am Fasse die Töpferei zu erlernen versuchen und selbst in öffentliche Dienste treten und andere, die nicht besser sind, dazu auffordern, ehe sie für sich vieles, wie es eben gehen wollte, und vieles Gelungene ausgeführt und sich hinlänglich in der Kunst geübt haben? Ist so ein Verfahren nicht unsinnig?

Kallikles: Gewiß.

Sokrates: Da du nun eben jetzt, mein Trefflichster, nicht bloß selbst anfängst, die Leitung des Staats auf dich zu nehmen, sondern auch mich dazu aufmunterst und mir es zum Vorwurfe machst, daß ich es nicht tue, – sollen wir nicht einander einer Prüfung unterziehen? »Wohlan, hat Kallikles bereits einen Bürger gebessert? War irgend einer früher schlecht, ungerecht, zügellos und unverständig, der durch Kallikles' Verdienst zu einem rechtschaffenen Mann geworden ist, ein Fremder oder Bürger, ein Sklave oder Freier?« Sage mir, wenn dich jemand darin prüfte, lieber Kallikles, was willst du sagen? Wen kannst du nennen, den du durch deinen Umgang besser gemacht hast? – Nun, du zögerst mit der Antwort, ob du so einen Erfolg aus deinem privaten Wirkungskreise aufzuweisen hast, ehe du zu Staatsgeschäften übergingst?

Kallikles: Da willst nur recht behalten, Sokrates!

393
Sokrates: Nein, nicht aus Rechthaberei frage ich dich, sondern weil ich in Wahrheit wissen möchte, auf welche Weise du unter uns glaubst den Staat verwalten zu müssen, – ob deine Sorge auf etwas anderes sich richten wird, wenn du zur Leitung des Staates kommst, oder auf die Besserung der Bürger. Oder haben wir nicht bereits oft zugestanden, daß dies die Aufgabe des Staatsmannes sei? Ja oder nein? Antworte! – »Ja, das haben wir zugestanden«, so will ich für dich antworten. Wenn also dieser Gesichtspunkt die Tätigkeit des wackeren Mannes für seinen Staat bestimmen muß, so erinnere dich jetzt wieder jener Männer, die du kurz vorher nanntest, und sage mir, ob du noch immer glaubst, daß Perikles, Kimon, Miltiades und Themistokles sich als wackere Bürger erwiesen haben?

Kallikles: O ja.

Sokrates: Wenn das der Fall ist, so hat offenbar jeder von ihnen die Bürger aus schlechteren Menschen zu besseren gemacht? Ja oder nein?

Kallikles: Ja.

Sokrates: Als demnach Perikles vor dem Volke aufzutreten begann, waren die Athener schlechter als bei seinem letzten Auftreten?

Kallikles: Vielleicht.

Sokrates: Nicht »vielleicht«, mein Bester, sondern das folgt notwendig aus unseren Zugeständnissen, wenn er ein tüchtiger Staatsmann war.

Kallikles: Nun, was willst du damit?

Sokrates: Nichts. Das aber sage mir noch: ob nach der allgemeinen Meinung die Athener durch Perikles gebessert worden sind, oder ob sie nicht ganz im Gegenteil von ihm verdorben worden sind? Denn ich höre das behaupten, Perikles habe die Athener träge, feig, schwatzhaft und geldsüchtig gemacht, indem er sie zuerst auf Besoldung anwies.

Kallikles: So etwas hörst du von den Leuten mit den zerschlagenen Ohren.

Sokrates: Nur folgendes habe ich nicht mehr bloß gehört, sondern weiß ich genau, und du auch, daß Perikles zuerst sehr gerühmt wurde und die Athener kein schimpfliches Urteil über ihn aussprachen, solange sie noch schlechter waren; als sie aber brave Männer geworden waren durch ihn, sprachen sie ihn gegen das Ende seines Lebens der Unterschlagung schuldig, und sie hätten ihn fast zum Tode verurteilt, offenbar weil er schlecht sein sollte.

394

Kallikles: Wie nun? War deshalb Perikles schlecht?

Sokrates: Gewiß, wenn ein Hüter von Eseln oder Pferden und Ochsen sich so zeigte, würde er für schlecht gelten, wenn er nämlich die Tiere empfangen hätte, ohne daß sie ausschlugen, stießen und bissen, und nachher zeigten sich alle diese Fehler an ihnen infolge von Verwilderung. Oder soll das nicht eine schlechte Zucht sein, wenn einer, was es für Tiere sein mögen, sie ziemlich zahm empfangen, aber wilder abgeliefert hätte, als er sie empfing? Ja oder nein?

Kallikles: Ja denn, um dir nur den Gefallen zu tun.

Sokrates: Sei denn so gefällig und beantworte mir auch das, ob auch der Mensch in eines der Tiergeschlechte gehört oder nicht?

Kallikles: Allerdings.

Sokrates: Perikles sorgte doch für Menschen?

Kallikles: Ja.

Sokrates: Nun weiter: Mußten sie nicht, wie wir eben zugestanden, unter seiner Leitung gerechter werden, statt ungerecht, wenn er ein tüchtiger Staatsmann war, der sie in seine Obhut nahm?

Kallikles: Jawohl.

Sokrates: Nicht wahr, die Gerechten sind zahm, wie Homeros sagt? Was meinst du dazu? Nicht eben dasselbe?

Kallikles: Ja.

Sokrates: Und doch hat er sie wilder gemacht, als er sie empfing, und zwar gegen ihn selbst, was er gewiß am wenigsten wollte.

Kallikles: Soll ich dir das zugeben?

Sokrates: Wenn ich nach deiner Meinung recht habe.

Kallikles: Nun gut.

Sokrates: Wenn nun wilder, dann auch ungerechter und schlechter?

Kallikles: Meinetwegen.

Sokrates: Hiernach war also Perikles kein guter Staatsmann.

Kallikles: Ja, so behauptest du.

Sokrates: Beim Zeus, du auch, nach deinen Zugeständnissen! Wiederhole mir es aber auch in betreff des Kimon: Haben ihn nicht die, die er pflegte, durch das Scherbengericht verbannt, um zehn Jahre lang seine Stimme nicht hören zu müssen? Dem Themistokles taten sie dasselbe an und bestraften ihn obendrein noch mit Landesverweisung. Den Miltiades aber, den Marathonsieger, beschlossen sie in die Grube zu werfen, und wäre der Prytane nicht gewesen, so wäre er hineingestürzt worden. Und doch, wenn diese Männer, wie du behauptest, tüchtig gewesen wären, so wäre ihnen das nie widerfahren. Die tüchtigen Wagenlenker werden also im Anfang nicht vom Wagen heruntergeworfen; wenn sie aber die Rosse in Behandlung hatten und selbst bessere Wagenlenker geworden sind, dann stürzen sie herunter! Nein, das kommt weder beim Wagenlenker vor, noch bei irgend einer anderen Tätigkeit. Oder meinst du?

Kallikles: Nein.

Sokrates: Daher waren, scheint es, die früheren Behauptungen vollkommen wahr, daß wir in diesem Staate keinen tüchtigen Staatsmann kennen. Du gabst zu, unter den jetzigen gebe es keinen, meintest jedoch, unter den früheren, und hobst diese Männer hervor. Diese aber stehen offenbar den jetzigen gleich, und wenn diese daher Redner waren, so haben sie weder die echte Rhetorik geübt – sonst wären sie nicht gestürzt worden – noch die schmeichlerische Art.

Kallikles: Aber dennoch, lieber Sokrates, fehlt viel, daß jemals einer in unserer Zeit solche Werke vollbringe, als jeder, welchen du willst, von ihnen ausgeführt hat.

Sokrates: Mein Trefflicher, ich tadle sie ja nicht als Diener des Staates; ja, sie scheinen mir bessere Diener gewesen zu sein als die jetzigen, und besser befähigt, für die Neigungen und Bedürfnisse der Bürgerschaft Mittel herbeizuschaffen. Indes in bezug auf die Pflicht, die Begierden umzuwandeln und ihnen nicht nachzugeben, sondern durch Überredung und Gewalt ihnen die Richtung zu geben, daß die Bürger dadurch sittlich besser werden müßten, – darin leisteten jene eigentlich nichts mehr als die heutigen. Und doch ist das allein die Aufgabe eines rechtschaffenen Bürgers und Staatsmanns. Dagegen gebe ich zu, daß jene in der Beschaffung von Schiffen, Mauern, Schiffswerften und vielen anderen Dingen der Art mehr zu leisten verstanden als diese. Nun, wir fangen es doch in unserer Untersuchung recht lächerlich 396 an, ich und du: denn in der ganzen Zeit, in der wir uns unterreden, drehen wir uns unaufhörlich stets auf demselben Flecke herum, und einer versteht nicht, was der andere meint. Soviel ich wenigstens glaube, hast du oft zugestanden und anerkannt, daß es eine zweifache Beschäftigung gibt in bezug auf den Leib wie die Seele, und daß die eine dienender Art ist, durch welche man in den Stand gesetzt wird, wenn unseren Leib hungert, Speisen, wenn ihn dürstet, Getränke, wenn ihn friert, Kleider, Decken, Schuhe, kurz die Bedürfnisse herbei-zuschaffen, welche für den Leib hervortreten. Absichtlich sage ich dir es in denselben Bildern, damit du mich besser verstehst. Wenn näm-lich jemand sich darauf versteht, sie herbeizuschaffen, sei es als Krämer oder Kaufmann oder Handwerker für ein Fach dieser Art, sei er Bäcker, Koch, Weber, Schuhmacher oder Gerber, so ist es nicht be-fremdlich, wenn so ein Mann bei sich selbst und den übrigen für einen Pfleger des Leibes gilt, bei jedem nämlich, der nicht weiß, daß es außer allen diesen Professionen noch eine Kunst der Gymnastik und Heil-kunde gibt, welche in Wahrheit die Leibespflege enthält, die auch über alle diese Künste die Herrschaft führen und den Gebrauch ihrer Erzeugnisse regeln muß, weil sie weiß, was von den Speisen und Ge-tränken für die vollkommene Ausbildung des Leibes gut und was schlecht ist, während alle übrigen Künste es nicht wissen. Deshalb seien denn auch diese Tätigkeiten unter der Beschäftigung mit dem Leibe niedrige, dienende und unedle; die Gymnastik und Heilkunst dagegen seien dem Rechte nach Herrscherinnen über sie. Wenn ich nun sage, ganz dasselbe gelte auch für die Seele, so verstehst du, scheint es, manchmal meine Meinung und stimmst ihr bei, scheinbar als hättest du ihren Sinn richtig erkannt; bald darauf aber kommst du und sagst, es hätten tüchtige und brave Männer an der Spitze unseres Staates gestanden, und wenn ich dich frage, welche, so führst du mir, meine ich, Männer vor, mit denen es in bezug auf Staatsver-waltung ganz ähnlich steht, wie wenn ich fragte, welche Menschen in bezug auf die Gymnastik tüchtig oder richtige Pfleger des Leibes seien, und du antwortetest mir ganz im Ernste, daß der Bäcker Thearion und Mithaikos, der die sizilische Kochkunst geschrieben hat, und der Schenkwirt Sarambos ausgezeichnete Pfleger des Leibes 397 seien, weil der eine vortreffliche Brote bereite, der zweite Speisen und der dritte Wein.

Vielleicht würdest du empfindlich, wenn ich dir dann sagte: Lieber Freund, du verstehst nichts von der Gymnastik. Du nennst mir nur Diener und Menschen, die für die Befriedigung von Begierden sorgen, aber gar nichts Tüchtiges davon verstehen, die wohl, wie sich's trifft, die Leiber der Menschen anfüllen und dick machen und von ihnen dafür gelobt werden, aber am Ende auch ihr ursprüngliches Fleisch noch verderben werden. Diese werden jedoch aus Unkenntnis nicht ihre Speisemeister als die Urheber ihrer Krankheiten und des Abfalls ihres alten Fleisches beschuldigen, sondern diejenigen, welche dann zufällig gerade da sind und ihnen einen Rat erteilen, wenn nämlich die damalige Anfüllung nach viel späterer Zeit eine Krankheit im Gefolge führt, weil sie ohne Rücksicht auf Gesundheit geschah. Diese also werden sie beschuldigen, tadeln und, wenn sie es vermögen, mißhandeln; jene früheren Urheber ihrer Leiden aber werden sie preisen. Du, lieber Kallikles machst es jetzt geradeso: Du preisest Menschen, welche die hiesigen Bürger mit Speisen gefüttert haben, nach denen sie Lust hatten, und darum sagt man, sie hätten die Stadt groß gemacht. Daß aber der Staat durch die Schuld der alten Staatsmänner aufgedunsen und innerlich vereitert ist, merkt man nicht. Denn ohne Besonnenheit und Gerechtigkeit haben sie den Staat mit Häfen, Werften, Mauern, Zöllen und dergleichen Zeug angefüllt. Wenn nun der Ausbruch der Krankheit erfolgt, dann werden sie die derzeitigen Ratgeber beschuldigen, den Themistokles, Kimon und Perikles aber preisen, die doch Urheber des Elendes sind. Vielleicht werden sie aber dich fassen, wenn du dich nicht in acht nimmst, und meinen Freund Alkibiades, wenn sie zu dem erworbenen Besitz auch den ursprünglichen verlieren, während ihr doch nicht Urheber, sondern vielleicht nur Miturheber des Unglücks seid. Und doch beträgt man sich dabei sehr unverständig, nicht bloß jetzt, wie ich selbst sehe, sondern es geschah auch in älterer Zeit so, wie ich höre. Ich bemerke nämlich, daß, wenn der Staat einen Staatsmann als schuldig behandelt, dann klagen sie und tun entsetzlich, wie schlimm es ihnen ergehe: sie hätten dem Staate viel Gutes erwiesen und würden nun ungerechterweise von ihm zugrunde gerichtet – so lautet ihre Rede. Aber das ist lauter Lüge. Denn nicht ein einziger Leiter eines Staates könnte je mit Unrecht durch den Staat selbst, den er leitet, den Untergang finden. Es scheint übrigens mit allen, die sich für Staatsmänner ausgeben, ganz so zu stehen wie mit den Sophisten: Denn auch die Sophisten, die doch sonst weise sind, benehmen sich in diesem Stücke albern. Sie geben sich nämlich für Lehrer der Tugend aus und klagen doch oft über ihre Schüler, daß diese ihnen ihren Lohn vorenthielten und anderen Dank nicht erstatteten, obwohl sie doch von ihnen Wohltaten empfangen hätten. Was kann aber unsinniger sein als diese Rede, daß Menschen, welche gut und gerecht geworden seien, denen die Ungerechtigkeit von ihrem Lehrer abgenommen sei, während sie Gerechtigkeit dafür erhalten hätten, Unrecht täten mit etwas, was sie gar nicht haben? Scheint dir das nicht abgeschmackt, mein Freund? Ja, lieber Kallikles, du hast mich wirklich genötigt, dadurch, daß du nicht antworten wolltest, eine lange Rede zu halten.

Kallikles: Und du solltest nicht imstande sein zu reden, wenn dir nicht jemand antwortet?

Sokrates: Der Schein spricht gegen mich. Wenigstens spinne ich jetzt lange Reden aus, da du mir ja nicht antworten willst. Doch beim Gott der Freundschaft, mein Guter, sage: liegt dir nicht offenbar ein Widerspruch darin, wenn jemand behauptet, er habe einen anderen gut gemacht, und macht es diesem doch zum Vorwurfe, daß er, während er durch ihn gut geworden sei und es noch bleibe, dennoch sich schlecht benehmen?

Kallikles: Freilich.

Sokrates: Hörst du nicht solche Dinge von denen, die die Menschen nach ihrer eigenen Angabe zur Tugend erziehen?

Kallikles: Jawohl. Doch was willst du über so nichtsbedeutende Leute ein Wort verlieren?

Sokrates: Nun, was willst du aber über diejenigen sagen, welche angeblich Leiter des Staates sind und dafür sorgen, daß er möglichst gut werde, und ihn doch wieder in gewissen Fällen der größten Schlechtigkeit beschuldigen? Unterscheiden sich wohl diese Leute von jenen? Nein, mein Edler, der Sophist und der Rhetor ist ein und dasselbe, oder sie stehen sich nah und dicht zusammen, wie ich zu Polos sagte. Du aber hältst das eine, die Rhetorik, aus Mangel an Einsicht für wunderschön; das andere aber verachtest du. In Wahrheit aber ist die Sophistik um so viel schöner denn die Rhetorik, als auch die Gesetzgebung schöner ist denn die Rechtspflege und die Gymnastik schöner als die Heilkunst. Ich dachte mir auch, gerade die Volksredner und Sophisten allein dürften dem Dinge, das sie selbst erziehen, nicht den Vorwurf machen, daß es sich gegen sie schlecht benehme, oder sie müssen in demselben Atem auch sich selber anklagen, daß sie denen keinen Nutzen gebracht haben, denen sie zu nützen versprechen. Nicht so?

Kallikles: Gewiß.

Sokrates: Ja, gerade sie allein dürften doch natürlich ihre Wohltat ohne Lohnbestimmung hingeben, wenn sie von vornherein recht hätten. Denn wenn einer eine andere Wohltat empfangen hat, z.B. schnell gemacht wurde durch den Turnlehrer, so könnte er vielleicht die Vergeltung vorenthalten, wenn ihm der Turnlehrer die Kunst hingäbe und, ohne Lohn ausgemacht zu haben, nicht zugleich bei der Mitteilung der Schnelligkeit jedesmal so gut, als das geht, auch das Geld in Empfang nähme. Denn die Menschen tun, denke ich, nicht durch Langsamkeit Unrecht, sondern durch Ungerechtigkeit. Nicht wahr?

Kallikles: Ja.

Sokrates: Nicht wahr, wenn jemand eben dies wegnimmt – die Ungerechtigkeit –, so braucht er nicht zu fürchten, daß ihm Unrecht widerfahre, sondern er allein kann sicher seine Wohltat hingeben, wenn er nämlich wirklich Menschen gut zu machen vermag. Nicht so?

Kallikles: Das will ich meinen.

Sokrates: Deshalb also, scheint es, hat es nichts Entehrendes, wenn jemand für anderen Rat, den er erteilt, sich bezahlen läßt, z.B. in betreff eines Baues oder anderer Künste.

Kallikles: Offenbar.

Sokrates: Dagegen gilt es für entehrend, nur unter der Bedingung, daß jemand Geld dafür zahle, einen Rat dafür erteilen zu wollen, wie man möglichst gut werden und am besten sein eigenes Hauswesen oder einen Staat verwalten könne. Nicht wahr?

Kallikles: Ja.

Sokrates: Offenbar liegt der Ansicht zugrunde, daß nur diese Wohltat allein in dem, der sie empfangen hat, das Bedürfnis der Vergeltung erweckt, so daß gerade das für ein schönes Zeugnis gilt, wenn jemand für die Erweisung dieser Wohltat Vergeltung erntet: wo nicht, ein schlechtes Zeugnis. Ist das so?

Kallikles: Ja.

Sokrates: Zu welcher Art von Behandlung des Staates ermunterst du mich nun? Bestimme es genau: Dazu, mit den Athenern ringend durchzusetzen, daß sie möglichst gut werden, wie ein Arzt oder wie ein Diener und nach Gunst Haschender zu verfahren? Sage mir es aufrichtig, lieber Kallikles! Denn du mußt, wie du freimütig gegen mich dich zu äußern anfingst, so auch bis zum Ende deine wahre Meinung aussprechen. So sage sie auch jetzt offen und ehrlich!

Kallikles: Nun denn: wie ein Diener.

Sokrates: Also zur Schmeichelei, mein Edelster, forderst du mich auf.

Kallikles: Meinetwegen, wenn du ihn gar lieber einen Myser nennen willst, mein Sokrates; denn wenn du das nicht tun wirst –

Sokrates: Sage mir nicht, was du oft gesagt hast: »Dann werde mich jeder Beliebige töten«, damit nicht auch ich wieder antworte: »Freilich; aber er selbst ist ein Schurke und ich ein redlicher Mann«; und: »Er wird dich deiner Habe berauben«, wenn ich welche besitze, damit ich nicht wieder antworte: »Ja, aber nach dem Raube wird er nichts damit anzufangen wissen, sondern wie er sie mir widerrechtlich geraubt hat, so wird er sie auch widerrechtlich gebrauchen und, wenn widerrechtlich, auch häßlich, wenn aber häßlich, auch schlecht.«

Kallikles: Wie sicher scheinst du dich doch zu fühlen, lieber Sokrates, daß dir gar nichts der Art widerfahren könne, als wohntest du aus dem Wege und könntest nicht vor Gericht gezogen werden, vielleicht gar von einem ganz verworfenen und schlechten Menschen!

Sokrates: Dann bin ich, mein Kallikles, wahrhaftig ein Tor, wenn ich nicht glauben will, daß in unserem Staate jedem alles mögliche widerfahren könne. Doch das weiß ich gewiß: wenn ich vor Gericht komme, und es handelt sich um etwas, was du nanntest, so wird mein Ankläger ein schlechter Mensch sein. Denn kein rechtschaffener Mensch könnte einen Unschuldigen anklagen. Auch soll es mich nicht wundern, wenn ich dann den Tod fände. Soll ich dir sagen, weshalb ich das erwarte? 401

Kallikles: Jawohl.

Sokrates: Ich glaube mit wenigen Athenern, um nicht zu sagen allein, der wahrhaften Staatskunst obzuliegen und allein in unserer Zeit für das Staatswohl tätig zu sein. Da ich nun die Ansichten, die ich jedesmal vorbringe, nicht nach dem Gefallen anderer einrichte, sondern mit Rücksicht auf das Gute, nicht das Angenehme, und weil ich mich damit nicht abgeben will, wozu du mich aufforderst – mit den hohen Dingen meine ich –, so werde ich vor Gericht nichts vorzubringen wissen. Dabei fällt mir derselbe Gedanke ein, den ich gegen Polos aussprach: ich werde nämlich verurteilt werden, wie ein Arzt unter

Kindern verurteilt würde, wenn ihn ein Koch anklagte. Denn denke nur, was sollte so ein Mensch vor diesem Gerichtshofe zu seiner Verteidigung vorbringen, wenn ihn jemand anklagte und etwa sagte: »Liebe Kinder! Dieser Mensch hat euch viel Leides zugefügt: er verdirbt euch selbst und namentlich die Jüngsten unter euch; mit Schneiden, Brennen, Fasten und Brechmitteln macht er euch zu schaffen, gibt euch die bittersten Tränkchen ein und läßt euch hungern und dursten, nicht wie ich, der ich euch mit vielen süßen Speisen in reicher Abwechslung traktierte.« Was sollte wohl der Arzt, wenn er in ein solches Schicksal geraten wäre, vorzubringen wissen? Oder wenn er die Wahrheit sagte: »Das alles, liebe Kinder, tat ich zur Gesundheit«, – welches Geschrei würden da wohl solche Richter erheben? Nicht ein lautes?

Kallikles: Wahrscheinlich. Man soll es wohl denken.

Sokrates: Sollte er nicht in großer Verlegenheit darüber sein, was er sagen soll?

Kallikles: Jawohl.

Sokrates: So ähnlich würde mir es gewiß auch ergehen, wenn ich vor Gericht gezogen würde. Denn ich werde weder Genüsse anzuführen wissen, die ich ihnen verschafft habe – und darin erblicken sie doch Wohltaten und Nutzen –, noch auch preise ich die, welche sie schaffen, noch die, denen sie verschafft werden. Und wenn jemand behauptet, ich verderbe die Jüngeren, indem ich sie in Zweifel brächte, oder ich beschimpfe die Älteren durch bittere Reden im engen Kreise oder öffentlich, so werde ich weder die Wahrheit vorbringen und sagen können: »Das alles sage ich mit Recht und handle ja gerade in eurem eigenen Interesse, geehrte Richter«, noch sonst etwas. Daher werde ich, was es eben sein mag, über mich ergehen lassen müssen.

Kallikles: Nun, lieber Sokrates, ist denn das nach deiner Ansicht schön, wenn ein Mensch im Staate in solcher Lage sich befindet und sich selber nicht zu helfen weiß?

Sokrates: Ja, wenn sich das eine an ihm findet, was du oft zugestanden hast: wenn er sich selbst geholfen hat, und hat weder gegen Menschen noch Götter, weder in Worten noch Taten, ein Unrecht begangen. Denn daß diese Selbsthilfe die beste sei, haben wir oft zugestanden. Wenn mir nun jemand nachweist, daß ich diese Hilfe weder mir selbst noch einem anderen zu bringen imstande sei, so würde ich mich schämen, möchte es mir nun vor vielen oder wenigen oder auch

unter vier Augen nachgewiesen werden, und wenn ich um dieses
Unvermögens willen den Tod fände, würde es mich tief schmerzen;
wenn ich aber sterben sollte, weil mir die schmeichlerische Redekunst
abgeht, so würdest du mich, das bin ich fest überzeugt, den Tod leicht
tragen sehen. Denn das Sterben an sich fürchtet niemand, wer nicht
durchaus unvernünftig und unmännlich ist, – aber das Unrechttun
fürchtet man. Denn wenn die Seele mit vielen Sünden angefüllt in
den Hades kommen soll, – das ist das allerschlimmste Leid. Wenn
du willst, will ich dir eine Geschichte erzählen, daß dem so ist.

Kallikles: Nun, da du ja auch das andere durchgeführt hast, so bringe
auch das zu Ende!

Sokrates: So vernimm denn, wie man sagt, eine gar schöne Geschichte,
die du wohl für ein Märchen halten wirst, wie ich mit denken kann,
ich aber für eine Geschichte. Denn was ich dir jetzt mitteilen will,
das sehe ich als Wahrheit an. Wie nämlich Homeros sagt, teilten
Zeus, Poseidon und Pluton unter sich die Herrschaft, nachdem sie
diese von ihrem Vater überkommen hatten. Nun galt unter Kronos
das Gesetz über die Menschen, das auch jetzt noch wie immer unter
den Göttern besteht, daß der Mensch, welcher sein Leben bis zu Ende
gerecht und fromm geführt habe, nach seinem Tode auf die Inseln
der Seligen kommen und dort in aller Art von Glück- -Seligkeit frei
von Leiden wohnen solle; wer aber ungerecht und gottlos gelebt habe,
solle in das Gefängnis der Rache und Vergeltung kommen, welches
man bekanntlich Tartaros nennt. Richter über diese waren unter
Kronos, und auch noch, als Zeus eben erst die Herrschaft übernom-
men hatte. Lebende über Lebende, Indem sie an eben Jenem Tage
Gericht hielten, an welchem diese sterben sollten. Daher wurden
schlechte Urteile gefallt. So kamen denn Pluton und die Aufseher auf
den Inseln der Seligen zu Zeus und erklärten, es kämen beiderseits
Menschen zu ihnen, die es nicht verdienten. Zeus nun erwiderte:
»Gut, ich will den Übelstand für die Zukunft abstellen. Denn jetzt
werden die Sprüche verkehrt gefällt. Denn es werden ja«, sprach er,
»die zu Richtenden bekleidet abgeurteilt. Es geschieht nämlich, während sie noch leben. Viele nun«, sprach er, »die verderbte Seelen haben, sind mit schönen Leibern, Stammbäumen und Reichtum bekleidet, und wenn das Urteil gesprochen wird, kommen ihnen viele
Zeugen, um zu bezeugen, daß sie gerecht gelebt haben. Die Richter
nun werden hierdurch in die Irre geführt, zumal sie auch ihrerseits

bekleidet richten, indem sie vor der eigenen Seele noch mit Augen, Ohren und dem ganzen Leibe umhüllt sind. All diese Umstände sind ihnen natürlich hinderlich, ihre eigene Umhüllung und die der Gerichteten. Zunächst also«, sprach er, »ist das abzustellen, daß sie ihren Tod voraus wissen. Denn Jetzt wissen sie ihn vorher. Auch habe ich das wirklich schon dem Prometheus gesagt, wie er es ändern solle. Ferner müssen alle diese unbekleidet gerichtet werden: nach dem Tode nämlich muß das Gericht stattfinden. Auch der Richter muß unbekleidet sein, ein Toter, der mit seiner Seele allein alsbald nach dem Tode eines jeden nur seine Seele ansieht, während er getrennt ist von allen Verwandten und all jenen äußeren Schmuck auf der Erde zurückläßt, damit das Urteil gerecht ausfalle. Da ich nun diese Verhältnisse früher erkannt habe als ihr, so habe ich Söhne von mir

zu Richtern bestimmt, zwei aus Asien, Minos und Rhadamanthys, und einen aus Europa, Aiakos. Wenn diese gestorben sind, werden sie auf der Wiese Gericht halten, auf dem Dreiwege, von dem die beiden Wege einerseits nach den Inseln der Seligen, andererseits nach dem Tartaros abführen. Die Gestorbenen aus Asien wird Rhadamanthys richten, die aus Europa Aiakos. Dem Minos aber werde ich den Vorsitz erteilen mit dem Rechte der Entscheidung, falls die beiden in einem Falle unentschieden sind, damit das Urteil, wohin die Menschen wandern sollen, möglichst gerecht ausfalle.«

Das ist es, lieber Kallikles, was ich gehört habe und für wahr halte. Aus diesen Tatsachen ziehe ich nun folgenden Schluß: Der Tod ist, wie mir dünkt, nichts weiter als die Trennung zweier Dinge von einander, von Seele und Leib nämlich. Wenn sie aber von einander getrennt sind, hat nichtsdestoweniger jedes von ihnen die Beschaffenheit noch fort, die es zu Lebzeiten des Menschen hatte, und zwar der Leib seine eigene Natur und die aus der Entwicklung herausgebildeten Zustände, ganz erkennbar. Wenn z.B. der Leib von irgend einem Menschen im Leben groß war, sei es von Natur oder durchpflege oder beides, so ist auch nach dem Tode sein Leichnam groß. War er dick, so ist er dick auch nach dem Tode, und so weiter. Wenn ferner jemand langes Haar zu tragen pflegte, so zeigt dies auch sein Leichnam. Wenn ferner einer ein Sträfling war, der in seinem Leben Spuren hatte von den Schlägen, Narben, sei es von Geißelhieben oder sonstigen Wunden, an seinem Leibe, so läßt auch nach seinem Tode der Leib dieses sehen. Waren jemandes Glieder gebrochen oder verrenkt im Leben, so ist dies auch im Tode erkennbar. Mit einem Worte, wie sich im Leben der Leib gebildet hatte, so ist dies alles oder zumeist auch nach dem Tode auf einige Zeit sichtbar. Dieselbe Bewandtnis hat es nun, lieber Kallikles, auch mit der Seele nach meiner Ansicht. An der Seele ist alles sichtbar, wenn sie vom Leibe entkleidet wird, sowohl die natürlichen Anlagen als die Richtungen, welche der Mensch durch seine Beschäftigung mit jeglichem Dinge in der Seele entwickelt hatte. Wenn sie nun zu dem Richter kommen, die Menschen aus Asien zu Rhadamanthys, so hält sie Rhadamanthys an und beschaut eines jeden Seele, ohne zu wissen, wessen sie ist; ja, oft hat er die 405 Seele eines Großkönigs oder sonst eines Königs oder Herrschers gefaßt und erblickt nichts Gesundes an ihr, sondern wie sie von Geißelhieben zerfleischt ist und infolge von Meineiden und Ungerechtigkeit voller Narben ist, die jeglicher Seele seine Handlungsweise eingedrückt hat: alles ist verzerrt durch Lüge und Hoffart, und nichts Gerades ist an ihr, weil sie ohne Wahrhaftigkeit aufgewachsen ist. Ja, infolge von Leichtsinn, Üppigkeit, Hochmut und Maßlosigkeit im Handeln erblickt er an der Seele eine Fülle von Mißverhältnis und Häßlichkeit. Daher schickt er sie mit Schimpf und Schanden direkt in den Gewahrsam, wo sie die ihr gebührenden Leiden erdulden soll. Jeder aber, der Strafe leidet und von einem anderen mit Recht gestraft wird, soll entweder besser werden und Nutzen davon haben – oder den anderen als Beispiel dienen, damit andere, die seine Leiden sehen, sich fürchten und besser werden. Diejenigen, die von der Strafe, die sie an Götter oder Menschen büßen, Nutzen haben, das sind die, welche heilbare Fehler begangen haben. Dennoch wird ihnen dieser Nutzen hier oben wie im Hades nur unter Leiden und Schmerzen zuteil: denn anders können sie von der Ungerechtigkeit nicht frei werden. Diejenigen aber, welche das schlimmste Unrecht begangen haben und durch solche Freveltaten unheilbar geworden sind, werden zu abschreckenden Beispielen und haben selbst keinen Vorteil mehr davon, weil sie eben unheilbar sind, wohl aber andere, welche sehen, wie sie um ihrer Frevel willen die schwersten, schmerzhaftesten und furchtbarsten Leiden erdulden für ewige Zeit und recht eigentlich als abschreckende Beispiele aufgestellt sind dort im Hades im Gefängnis, für die stets hinzukommenden Frevler zum Anblick und zur Warnung. Dazu wird, denke ich, auch Archelaos gehören, wenn Polos recht hat, und jeder Tyrann sonst von dieser Art. Die meisten von diesen Beispielen sind auch, glaube ich, aus Tyrannen, Königen, Machthabern und Staatsmännern hervorgegangen. Denn diese begehen wegen ihrer unbeschränkten Macht auch die größten und ruchlosesten Frevel. Dafür zeugt auch Homeros: denn er hat gerade Könige und Herrscher als solche dargestellt, die für ewige Zeiten im Hades Strafe leiden, Tantalos, Sisyphos und Tityos. Dagegen hat niemand den Thersites oder sonst einen verderbten Privatmann als unheilbar mit schweren Strafen belegt werden lassen. Denn er hatte keine Macht, glaube ich; deshalb war er auch glücklicher als die, welche die Macht besaßen. Nein, lieber Kallikles, gerade aus den Mächtigen sind auch die ganz verworfenen Menschen hervorgegangen. Indes können natürlich auch unter diesen sich brave Männer heranbilden. Diese verdienen dann ganz besondere Bewunderung. Denn es ist schwer, lieber Kallikles, und darum auch großen Lobes wert, wenn man große Macht zum Unrechttun besitzt, dennoch ein gerechtes Leben zu führen. Doch es gab auch in dieser Stadt wie anderwärts, und ich glaube, es wird auch ferner geben rechtschaffene Männer, welche diese Tugend besitzen, das, was man ihnen anvertraut, gerecht zu verwalten. Einer ist auch hochberühmt geworden, und zwar auch bei den übrigen Hellenen, nämlich Aristeides, des Lysimachos Sohn. Die meisten Machthaber aber, mein Trefflichster, werden schlecht. Wie ich nun schon sagte: wenn jener Rhadamanthys so einen trifft, so weiß er von ihm sonst gar nichts, weder wer er ist noch woher er stammt: nur das allein weiß er, daß er schlecht ist. Wenn er das gesehen hat, macht er ein Zeichen, je nachdem er heilbar oder unheilbar zu sein scheint, und schickt ihn so in den Tartaros. Dort erleidet jener dann die ihm gebührende Strafe. Bisweilen aber hat er eine andere Seele anzuschauen, welche fromm und in der Wahrheit gelebt hat, die Seele eines Privatmanns oder von sonst jemand, besonders aber, denke ich, lieber Kallikles, eines Philosophen, der für seine eigene Tätigkeit auf seine eigene Aufgabe beschränkt und sich in seinem Leben nicht auf ein Vielerlei von Geschäften eingelassen hat. Dann ist er befriedigt und sendet sie nach den Inseln der Seligen. Ganz ebenso macht es auch Aiakos. Diese beiden richten nun jeder mit einem Stabe in der Hand. Minos aber sitzt als Oberaufseher allein mit einem goldenen Szepter versehen, wie Odysseus bei Homeros ihn gesehen haben will,

Halten das goldene Szepter und richtend unter den Toten.

Ich nun, lieber Kallikles, habe mich von diesen Erzählungen überzeugen lassen und bin darauf bedacht, dem Richter meine Seele dereinst so gesund als möglich darzustellen. Daher lasse ich die Ehren der großen Masse beiseite, forsche nach der Wahrheit und suche in der 407 Tat, so gut ich kann, als ein tugendhafter Mensch zu leben und zu sterben, wenn's zum Sterben kommt. Ich fordere aber auch, soweit ich irgend kann, meine Mitmenschen alle dazu auf; und namentlich dich ermahne ich meinesteils zu diesem Leben und diesem Wettkampf, der, wie ich glaube, über alle hiesigen Kämpfe geht, und mache dir es zum Vorwurfe, daß du nicht imstande sein willst, dir selbst zu helfen, wenn das Gericht und Urteil kommt, von dem ich eben sprach, sondern wenn du zu dem Richter kommst, dem Sohne der Aigina, und dieser faßt dich und nimmt dich vor, daß du dann den Mund aufsperren und schwindlig werden wirst, du dort nicht minder als ich hier, und dann wird man dich vielleicht zum Schimpf aufs Haupt schlagen und dich in jeder Weise schimpflich behandeln. Vielleicht hältst du nun dies für ein Märchen, wie sie alte Weiber erzählen, und achtest es gering. In der Tat würde mich diese Geringschätzung nicht befremden, wenn wir durch Forschen irgend Besseres und Wahreres aufzufinden wüßten. Nun aber siehst du, daß ihr drei, die ihr doch die weisesten Männer in Hellas seid, du, Polos und Gorgias, nicht zu beweisen vermöget, daß man ein anderes Leben leben müsse als dieses, das auch dort noch nützlich erscheint. Ja, während unter so vielen Behauptungen alle übrigen ihre Widerlegung fanden, hat diese allein standgehalten, daß man sich vor dem Unrechttun mehr hüten müsse als vor dem Unrechtleiden, und daß der Mensch vor allem nicht nach dem Gutscheinen, sondern dem Gutsein selbst im privaten und öffentlichen Leben streben müsse. Wenn aber jemand in irgend einer Beziehung schlecht wird, muß er gezüchtigt werden, und das ist das zweite Gut nach dem Gerechtsein, daß man es werde und gezüchtigt Strafe leide. Jede Schmeichelei aber, gehe sie nun auf uns selbst oder auf die anderen, auf wenige oder viele, muß man fliehen. Und so muß man von der Rhetorik und jeglicher anderen Tätigkeit Gebrauch machen, nämlich stets für das Gerechte. So laß dich denn überreden und folge mit dahin, wo du im Leben und im Tode glückselig sein sollst, wie dein eigener Mund bezeugt! Ja, laß dich nur verachten als einen Toren und schmähen, wenn jemand es will, und, beim Zeus, laß dir getrost diesen schimpflichen Schlag erteilen! Denn das wird nicht schlimm sein, wenn du in Wahrheit rechtschaffen bist und die Tugend übst. Wenn wir uns dann gemeinsam geübt haben, dann wollen wir, wenn es nötig scheint, die Geschäfte des Staates in Angriff nehmen und in Beratung ziehen, was uns gut dünkt, wenn wir nämlich zur Beratung besser sind als jetzt. Denn das ist schimpflich, in dem Zustand, in dem wir uns jetzt offenbar befinden, großzutun, als wären wir etwas, während wir doch niemals dieselbe Ansicht über dieselben Dinge, und zwar die wichtigsten Lebensfragen, hegen: so tief stehen wir in unserer Bildung! Laß uns nun den Satz, der jetzt zutage gekommen ist, gleichsam als Wegweiser benutzen: Er zeigt uns, daß dies die beste Lebensweise ist, wenn man im Leben und im Tode die Gerechtigkeit und überhaupt die Tugend übt. Ihm laß uns folgen – und laß uns auch die anderen dazu ermahnen –, nicht jenem Satze, auf den du vertraust und nach dem du mich ermahnst! Denn er taugt

nichts, mein lieber Kallikles.

Biographie

427   Als Sohn aus dem adligen Geschlecht des Kodros wird Platon in Athen geboren. Ursprünglich soll sein Name Aristokles (nach dem Großvater) gewesen sein.

In seiner Jugend schreibt Platon Tragödien, Dithyramben und Gesänge; erhalten ist u.a. ein Epigramm an einen seiner besten Freunde (aster = Stern): »Nach den Sternen blickst Du, mein Aster, o möcht´ ich der Himmel werden, um auf Dich mit so viel Augen zu sehn«.

Ursprünglich zum Staatsmann bestimmt, wird Platon durch Kratylos mit den Lehren des Heraklit vertraut. Dann schließt er sich eng an den Lehrer Sokrates an, studiert aber auch die Eleaten und Pythagoreer.

399   Nach dem Tod seines Lehrers unternimmt Platon mehrere Reisen, zuerst zu Euklid von Megara, später nach Kyrene und Ägypten. In Kyrene treibt er Studien unter der Anleitung des Mathematikers Theodorus und schreibt seine ersten Dialoge, die sich mit dem Erkenntnisproblem beschäftigen.

388   Auf seiner ersten Reise nach Sizilien nimmt Platon Kontakt mit den Pythagoreern in Unteritalien auf.

um 387 Platon gründet in Athen eine Philosophen-Schule, die nach dem Heros Akademos »Akademie« benannt wird. Hier entwirft er das Ideal eines Staates, in dem Philosophen eine gerechte Herrschaft ausüben.

366   Auf zwei weiteren Reisen nach Syrakus auf Sizilien versucht der Philosoph vergeblich, den Tyrannen Dionysios I. und anschließend Dionysos II. für das Ideal eines nach Grundsätzen seiner Philosophie regierten Staates zu gewinnen.

360   Die letzten Lebensjahre ist Platon in Athen als Lehrer tätig.

348   Platon stirbt. Nachfolger in der Akademie wird sein Neffe Speusipp.

36 n. Chr. Die Schriften Platons werden von Thrasyllos von Mendes herausgegeben; in der Antike sind sie in neun Tetralogien geordnet.

Überliefert sind 36 Schriften, die teilweise jedoch unecht, teilweise zweifelhaft sind. Außer der »Apologie« und den »Briefen« Nr. 6/7 sind alle Texte in Dialogform verfaßt.

Die Chronologie der Schriften ist bis heute umstritten.

Die Ordnung nach den neun Tetralogien ist folgende: I. »Euthyphron«, »Apologie«, »Kriton«, »Phaidon«. II. »Kratylos«, »Theaitetos«, »Sophistes«, »Politikos«. III. »Parmenides«, »Philebos«, »Symposion«, »Phaidros«. IV. »Alkibiades I«, »Alkibiades II«, »Hipparchos«, »Anterastai«. V. »Theages«, »Charmides«, »Laches«, »Lysis«. VI. »Euthydemos«, »Protagoras«, »Gorgias«, »Menon«. VII. »Hippias I u. II«, »Ion«, »Menexenos«. VIII. »Kleitophon«, »Politeia«, »Timaios«, »Kritias«. IX. »Minos«, »Nomoi«, »Epinomis«, »Briefe«.

Davon sicher unecht: »Minos«, »Epinomis«, »Alkibiades II«, »Theages«, »Anterastai«, »Kleitophon«, »Hipparch«; zweifelhaft: »Alkibiades I«, »Hippias I«, »Ion«.

Gegenstand der Dialoge sind kurz folgende Themen: 1. *Apologie:* Verteidigung und Idealisierung des Sokrates; 2. *Kriton:* Über die Achtung der Gesetze; 3. *Phaidon:* Über die Unsterblichkeit; 4. *Kratylos:* Über die Sprache; 5. *Theaitetos:* Über die Wahrnehmung und das Wissen; 6. *Sophistes:* Über das Nichtseiende und das »Andere«; 7. *Politikos:* Begriff des guten Staatsmanns; 8. *Parmenides:* Über die Ideenlehre und die »Einheit«; 9. *Philebos:* Über das Gute und die Lust; 10. *Symposion:* Über die Liebe zum Wahren, Guten und Schönen; 11. *Phaidros:* Ideenlehre, bes. Idee des Schönen; 12. *Charmides:* Über die Besonnenheit (sophrosynae); 13. *Laches:* Über die Tapferkeit; 14. *Lysis:* Über die Freundschaft; 15. *Euthydemos:* Über sophistische Eristik; 16. *Protagoras:* Der Relativismus der Sophisten wird durch den Standpunkt fester Begriffe kritisiert; 17. *Gorgias:* Kritik der sophistischen Rhetorik und egoistischen Moral vom Standpunkt der Sittlichkeit aus; 18. *Menon:* Tugendlehre und Wiedererinnerungslehre; 19. *Hippias I:* Über das Schöne; 20. *Hippias II:* Über die Lüge; 21. *Ion:* Über die Kunst des Rhapsoden; 22. *Menexenos:* Über Rhetorik; 23. *Politeia:* Über den Idealstaat; 24. *Timaios:*

Naturphilosophie und Ideenlehre; 25. *Kritias:* Bericht über
»Atlantis«; 26. *Nomoi:* Über den zweitbesten Staat (Mischung aus Monarchie und Demokratie)

Die Bestimmung der Chronologie seitens der Fachphilosophen krankt nicht zuletzt daran, daß sie den jeweils vertretenen systematischen Positionen gemäß eingerichtet wird. Prominentes Beispiel für dieses Vorgehen ist Paul Natorps Buch »Platos Ideenlehre. Eine Einführung in den Idealismus« (1903), in dem die Ideen nicht als ontologische Wesenheiten, sondern als Formen gesetzlicher Erkenntnis interpretiert werden, gemäß derer das Denken sich seine Gegenstände – idealistisch – konstruiert; das logische Gesetz schafft bzw. erzeugt in der Erkenntnis und für sie ihren jeweiligen Gegenstand. Entlang dieser apriorischen Denkgebilde wird nicht allein Platons Ideenlehre einer idealistischen Auslegung zugeführt, sondern werden auch seine Dialoge neu sortiert.

Platons Werke erschienen zuerst lateinisch in der Übersetzung von Marsilius Ficinus, 1483 ff., und auf Griechisch im Jahre 1513. Sie werden üblicherweise nach der Ausgabe des H. Stephanus von 1578 zitiert.

Lektürehinweise

W. Bröcker, Platos Gespräche, Frankfurt a.M. 1964.
K. Bormann, Platon, Freiburg, München 1973 u.ö.
R. M. Hare, Platon. Eine Einführung, Stuttgart 1990.
Andreas Schubert, Platon, »Der Staat«. Ein einführender Kommentar, Paderborn, München, Wien, Zürich 1995 (UTB 1866).